高校英语教学模式创新与发展

伍婷婷◎著

辽宁人民出版社

图书在版编目(CIP)数据

高校英语教学模式创新与发展/伍婷婷著.—沈阳
辽宁人民出版社,2025.2
ISBN 978-7-205-11056-7

Ⅰ.①高… Ⅱ.①伍… Ⅲ.①英语－教学模式－研究－高等学校 Ⅳ.①H319.3

中国国家版本馆CIP数据核字(2024)第049184号

出版发行:辽宁人民出版社
地址:沈阳市和平区十一纬路25号　邮编:110003
电话:024-23284321(邮　购)　024-23284324(发行部)
传真:024-23284191(发行部)　024-23284304(办公室)
http://www.lnpph.com.cn

印　　刷:辽宁一诺广告印务有限公司
幅面尺寸:170mm×240mm
印　　张:12.5
字　　数:200千字
出版时间:2025年2月第1版
印刷时间:2025年2月第1次印刷
责任编辑:张天恒　王晓筱
版式设计:中知图印务
责任校对:刘再升
书　　号:ISBN 978-7-205-11056-7
定　　价:68.00元

前言

随着国际交流的增加，对英语的需求也越来越大。高校英语教学模式需要更加注重培养学生的语言交际能力和跨文化交际能力，使他们能够适应全球化的环境。信息技术的快速进步为高校英语教学模式的创新提供了新的机遇。互联网的普及和移动设备的普及使得学生可以随时随地获取英语学习资源。高校英语教学模式可以利用信息技术，开发在线学习平台和教学资源，提供个性化的学习体验和学习支持。

随着经济的发展和国际竞争的加剧，学生需要具备更高水平的英语能力。高校英语教学模式需要更加注重培养学生的综合语言能力，包括听、说、读、写和翻译等方面的能力。高校英语教学模式的创新和发展需要考虑到学生的个性化需求。每个学生的学习风格和学习能力都不同，高校英语教学模式需要提供多样化的学习方式和教学资源，以满足不同学生的需求。

本书主要是针对高校英语教学模式创新与发展编写，旨在介绍高校英语教学模式创新与发展的具体措施。本书结构清晰、重点突出，兼具理论高度和可实践性。八章具体内容包括：高校英语教学模式及其类型，高校英语教学模式现状，高校英语教学模式改革的方向，趋势与必要性，国外高校外语教学模式现状与成功经验，高校英语教学模式微观系统创新策略，高校英语教学模式宏观系统创新策略，高校英语教学模式改革创新具体策略。

目 录

第一章 绪论 ……001
第一节 教学模式 ……001
第二节 英语教学模式 ……005
第三节 高校英语教学模式 ……009
第二章 高校英语教学模式类型 ……012
第一节 分课型英语教学模式 ……012
第二节 多模态英语教学模式 ……014
第三节 情境浸入式英语教学模式 ……031
第四节 分层递进式英语教学模式 ……034
第五节 多维互动式英语教学模式 ……037
第六节 多元立体式英语教学模式 ……041
第三章 高校英语教学模式现状 ……050
第一节 教学模式实施程序中出现的问题 ……050
第二节 教学模式宏观系统中存在的问题 ……066
第三节 高校英语教学模式出现问题的成因 ……077
第四章 高校英语教学模式改革的方向、趋势与必要性 ……087
第一节 高校英语教学模式改革的方向 ……087
第二节 高校英语教学模式改革的趋势 ……091
第三节 高校英语教学模式改革的必要性 ……092
第五章 国外高校外语教学模式现状与成功经验 ……098
第一节 国外高校外语教学模式改革的背景 ……098
第二节 国外高校外语教学模式的实践与创新 ……101
第三节 国外高校外语教学模式的启示与经验 ……107
第六章 高校英语教学模式微观系统创新策略 ……110
第一节 设立合理实际的教学目标 ……111

第二节 选用丰富多元的教学内容 ……116
第三节 采用多维立体的教学方法 ……122
第四节 设立激励中肯的教学评价 ……125
第七章 高校英语教学模式宏观系统创新策略 ……130
第一节 优化高校英语教师的选拔和培养机制 ……130
第二节 革新高校英语教学的教材编写 ……138
第三节 提高学生的英语学习兴趣和自主学习能力 ……140
第四节 改革高校英语课程体系的设置 ……143
第五节 完善高校学生的联合培养机制 ……146
第八章 高校英语教学模式改革创新具体策略 ……150
第一节 听力教学模式改革创新策略 ……150
第二节 阅读教学模式改革创新策略 ……157
第三节 口语教学模式改革创新策略 ……166
第四节 写作教学模式改革创新策略 ……184
参考文献 ……193

第一章 绪论

第一节 教学模式

一、教学模式的概念与价值

(一)教学模式的概念

教学模式是教师在教学过程中所采用的一种组织和安排教学活动的方式和方法,涉及到教学目标的设定、教学内容的选择、教学方法的运用以及教学评价的方式等方面。教学模式的选择对于教学效果和学生学习成果的提高具有重要影响。从教学过程的组织和安排角度来看,教学模式是指教师在教学中所采用的一种教学策略和方法,以达到教学目标和促进学生学习的目的。从教学内容的选择和呈现角度来看,教学模式是指教师在教学中所采用的一种教学模式和教学策略,以使学生能够更好地理解和掌握所学知识和技能。从学生学习方式和学习效果角度来看,教学模式是指教师在教学中所采用的一种教学模式和教学方法,以激发学生的学习兴趣,提高学生的学习效果和学习成绩。教学模式的选择应该根据教学目标、教学内容、学生特点和教学环境等因素进行综合考虑。不同的教学模式适用于不同的教学情境和学生需求。常见的教学模式包括讲授模式、讨论模式、实验模式、案例模式、合作学习模式等。讲授模式是教师通过讲解、演示等方式向学生传授知识和技能,适用于知识传授和基础概念的讲解,可以帮助学生建立起对知识的整体框架和基本理解。讨论模式是通过提问、引导和组织学生进行讨论,促进学生思考和交流,适用于培养学生的思维能力、创造力和解决问题的能力,可以激发学生的学习兴趣和主动性。实验模式是教师通过实验和实践活动，让学生亲自动手进行观察、实验和探究，以加深对知识的理解和应用，适用于培养学生的实践能力和动手能力，提高学生的实际操作能力。案例模式是教师通过引入实际案例和问题，让学生进行分析和解决，以培养学生的问题解决能力和综合应用能力。合作学习模式是教师通过组织学生进行小组合作学习，促进学生之间的互动和合作，以提高学生的团队合作能力和社交能力。

（二）教学模式的价值

教学模式的选择直接影响到教学效果的好坏。不同的教学模式适用于不同的教学目标和教学内容。讲授式教学适用于知识点的传授和概念的讲解，而探究式教学适用于学生自主探究和发现知识，选择适合的教学模式可以提高教学效果，使学生更好地掌握知识和技能。教学模式的多样性可以激发学生的学习兴趣和学习动力。传统的讲授式教学容易使学生产生厌倦和疲劳，而探究式教学、合作学习、游戏化教学等新型教学模式可以使学生更加积极主动地参与学习，提高学习效果。教学模式的多样性也可以满足不同学生的学习需求，促进学生的个性化发展。教学模式的选择可以培养学生的创新能力和实践能力。探究式教学可以培养学生的探究精神和创新思维，合作学习可以培养学生的团队合作和沟通能力，项目式学习可以培养学生的实践能力和解决问题的能力。现代社会对人才的要求不仅仅是掌握知识和技能，还需要具备创新能力、实践能力、团队合作能力等综合素质。

二、教学模式的实施

（一）教学模式的设计

将学生置于学习的核心地位，从学生的需求和兴趣出发，设计具有挑战性和启发性的教学活动。教师可以通过小组合作、项目学习、探究式学习等方式，激发学生的学习动力和积极性。采用多种不同的教学方法，如讲解、讨论、实验、案例分析等，以满足不同学生的学习需求。教师可以根据教学内容和学生特点选择合适的教学方法，提高学生的参与度和理解力。利用现代技术手段和多媒体资源，为学生提供丰富多样的教学材料和学习资源。教师可以利用教育软件、网络资源、实物模型等，使教学更生动有趣，提高学生的学习效果。通过提问、引导和启发，引导学生主动思考和探索，培养学生的批判性思维和问题解决能力。教师可以采用提问式教学、问题解决式教学等方式，激发学生的思维能力和创造力。将教学内容与实际生活和社会情境相结合，使学生能够将所学知识应用于实际问题的解决。教师可以通过案例分析、角色扮演、实地考察等方式，创设真实的学习情境，提高学生的学习兴趣和实践能力。及时给予学生学习成果的反馈和评价，帮助学生发现自己的优势和不足，并提出进一步改进的建议。教师可以采用个别辅导、小组讨论、作业评讲等方式，帮助学生提高学习效果和自我认知能力。通过小组合作学习，培养学生的合作精神和团队意识。教师可以设计合作项目、小组讨论、角色分工等活动，促进学生之间的互动和合作，提高学生的学习效果和社交能力。注重培养学生的情感素质和人文关怀，关注学生的情感需求和发展。

（二）教学模式的实施

将教学内容与实际生活和实践相结合，使学生能够将所学知识应用于实际问题的解决中。通过实例分析、案例研讨、实地考察等方式，激发学生的学习兴趣，提高学习的实用性。鼓励学生之间的合作和互动，通过小组讨论、合作项目等方式，培养学生的团队合作能力和解决问题的能力。合作学习可以促进学生之间的思想交流和知识共享，提高学习效果。通过模拟真实情景，创设情境，让学生在情景中进行学习和实践[1]。情景教学可以激发学生的学习兴趣，增强学习的参与性和体验性，提高学习效果。根据学生的不同特点和需要，采用差异化的教学方法和资源，满足学生的个性化学习需求。个性化教学可以提高学生的学习积极性和主动性，促进学生的全面发展。鼓励学生进行创造性思维和创新实践，培养学生的创新能力和创业精神。创新教学可以激发学生的创造力和想象力，培养学生的问题解决能力和创新意识。利用多媒体技术和教

①孙川，王素雅．信息技术支持下的高校英语教学模式创新[J]．食品研究与开发，2022，43(24)：246.

育软件，丰富教学内容和形式，提高教学效果。多媒体教学可以使学生更直观地理解抽象概念，增强学习的趣味性和互动性。鼓励学生进行自我反思和评价，提高学习的自主性和主动性。通过反思教学，学生可以深入思考自己的学习过程和学习成果，发现问题并及时调整学习策略。通过激励措施，提高学生的学习积极性和主动性。教师可以通过表扬、奖励等方式激励学生，使学生更加努力地学习和表现。注重培养学生的实践能力和动手能力，通过实验、实训等实践活动，使学生能够将理论知识应用于实际操作中，提高学习效果。将不同学科的知识进行整合和交叉，培养学生的综合能力和跨学科思维。跨学科教学可以帮助学生更全面地理解问题和解决问题，提高学习的广度和深度。及时给予学生学习成果的反馈和评价，帮助学生发现自己的不足之处并进行改进。通过有效的反馈评价，可以激励学生更好地学习和进步。结合传统教学和在线教学的优势，采用混合式教学模式，提供更灵活和多样化的学习方式。混合式教学可以满足学生的个性化学习需求，提高学习的效果和效率。鼓励学生主动探索和发现知识，培养学生的探究精神和问题解决能力。教师可以通过提出问题、引导讨论等方式，引导学生进行自主学习和思考。通过设计和实施项目，培养学生的综合能力和解决实际问题的能力。项目驱动教学可以使学生更深入地理解知识，提高学习的实用性和可操作性。

（三）教学模式的评估

教学模式评估对教学模式进行系统性的评价和分析，以确定其优缺点、适用范围和改进方向，从而提高教学质量和效果。确定教学模式的优缺点，找出教学模式的不足之处，为改进教学模式提供依据。确定教学模式的适用范围，为教学模式的推广和应用提供依据。评估教学模式的效果，为教学质量的提高提供依据。促进教育教学改革，为教育教学改革提供依据和支持。

教学模式评估的方法包括定性评估和定量评估两种方法。定性评估是通过对教学模式进行描述和分析，找出教学模式的优缺点和不足之处。定性评估的主要方法包括文献分析、专家访谈、教师访谈、学生问卷调查等。文献分析是通过查阅相关文献,了解教学模式的理论基础、应用情况和效果等方面的信息,对教学模式进行评估。专家访谈是邀请相关领域的专家对教学模式进行评估,从专业角度出发,对教学模式的优缺点进行分析和评价。教师访谈是对参与教学模式实施的教师进行访谈,了解教师对教学模式的看法和评价,找出教学模式的优缺点和不足之处。学生问卷调查对参与教学模式实施的学生进行问卷调查,了解学生对教学模式的看法和评价,从而找出教学模式的优缺点和不足之处。定量评估通过数据统计和分析,对教学模式进行量化评估。定量评估的主要方法包括实验研究、问卷调查、考试成绩分析等。实验研究通过对教学模式进行实验,比较实验组和对照组的教学效果,评估教学模式的优缺点和效果。问卷调查对参与教学模式实施的学生进行问卷调查,通过数据统计和分析,评估教学模式的优缺点和效果。考试成绩分析通过对参与教学模式实施的学生的考试成绩进行统计和分析,评估教学模式的优缺点和效果。评估前需要明确评估目标和内容,确定评估的重点和方向。根据评估目标和内容,选择合适的评估方法,包括定性评估和定量评估两种方法。根据选择的评估方法,收集评估数据,包括文献资料、专家意见、教师访谈、学生问卷调查、实验数据等。对收集到的评估数据进行分析和整理,找出教学模式的优缺点和不足之处。根据分析结果,撰写评估报告,包括评估结论、评估建议等内容。将评估结果反馈给相关教育部门、教师和学生,促进教育教学改革和提高教学质量。

第二节 英语教学模式

一、英语教学内容

(一)英语语法与词汇教学

语法是一门研究语言结构和规则的学科,帮助学生理解句子的构成和语法规则,从而能够正确地表达自己的意思。通过学习语法,学生可以掌握英语的基本句型和语法规则,提高他们的语言组织能力和表达准确性。词汇是语言的基本单位,是学习和理解语言的基础。通过词汇教学,学生可以扩大词汇量,提高阅读和听力理解能力,丰富表达方式,提高写作和口语表达的流利度和准确性。通过解释和演示语法规则,帮助学生理解句子的结构和语法规则,使用例句和实际语言材料来说明语法规则的应用。学生需要通过大量的练习来巩固所学的语法和词汇知识,设计各种练习,如填空、改错、句型转换等,以帮助学生巩固所学的知识。教师可以设计各种游戏和活动,如角色扮演、团队竞赛等,以增加学生的参与度和兴趣,激发学生学习语法和词汇的积极性。引导学生将所学的语法和词汇应用到实际的语言环境中,如写作、口语表达等。通过实际应用,学生可以更好地理解和掌握所学的语法和词汇知识。利用多媒体技术,如投影仪、电脑等,来呈现语法和词汇教学内容。多媒体教学可以使学习更加生动有趣,激发学生的学习兴趣和积极性。

(二)口语表达能力教学

为了让学生更好地理解和运用口语表达,教师可以提供真实的语境,例如模拟真实的对话场景,让学生在实际情境中练习口语表达。通过角色扮演的方式,学生模拟真实的对话情境,练习口语表达,设计一些角色扮演的活动,让学生在不同的角色中进行对话,提高他们的口语表达能力。引导学生学习一些常用的口语表达,例如问候语、道歉、感谢等,然后通过练习来巩固这些表达方式[①]。通过创设情境的方式,让学生在特定的情境中进行口语表达练习。教师可以设计一个购物的情境,让学生在这个情境中练习如何询问价格、购买商品等。通过听力训练来帮助学生提高听力能力,并通过听后练习来提高口语表达能力。将学生分成小组,让他们在小组中进行讨论和交流,提供一个轻松的环境,让学生更自由地表达自己的观点和意见。在口语表达练习中,教师应该及时给予学生反馈,并帮助他们纠正错误。通过反馈和修正,学生可以不断改进口语表达能力。

---

①黎倩.多维互动教学模式在高校英语教学中的实践与应用研究[J].校园英语,2020(44):39-40.

（三）听力技能教学

在开始听力材料之前，教师可以通过图片、标题、问题等方式引导学生对话题进行预测，帮助学生建立起对话题的背景知识，并提前激活他们的相关词汇和语法知识，从而更好地理解听力材料。将听力材料分成若干段，每段之后停顿一下，给学生一些时间来思考和回答问题，帮助学生更好地理解听力材料的细节，并提高他们的听力注意力和集中力。设计一些听力填空、听力选择、听力排序等练习，让学生在听的过程中积极参与，提高他们的听力反应速度和准确性。组织一些听力对话、听力游戏等活动，让学生在轻松愉快的氛围中进行听力训练，激发他们学习英语的兴趣。播放各种类型的听力材料，如对话、新闻、广播等，让学生接触到不同的语言环境和语言风格，提高他们的听力适应能力和跨文化交际能力。学生可以通过听英语歌曲、看英语电影、听英语广播等方式来提高自己的听力技能。学生还可以在听力训练之后进行反思，总结自己的听力困难和不足，并制定相应的学习计划和策略，以便在以后的学习中不断改进和提高。

（四）阅读技能教学

在开始阅读之前，鼓励学生根据标题、图片、字体等信息预测文章的主题和内容，帮助学生建立起对文章的兴趣，并且提前激活他们的背景知识。扫读是快速阅读文章，获取整体理解的技巧。学生可以通过扫读来了解文章的大意、结构和主要观点，有助于学生在后续的详读中更好地理解文章的细节。学生通过细读来寻找关键词、理解句子结构和推断词义。教师引导学生使用标记、摘要和注释的方法来帮助他们更好地理解和记忆文章的内容。阅读时，学生可以通过上下文推断词义、推测作者意图和预测故事发展。教师通过提问和讨论来培养学生的推断能力，并引导他们从文章中获取更多信息。引导学生使用一些阅读策略，如猜测词义、寻找关键信息、提出问题和总结等，帮助学生更好地组织和处理阅读材料，提高他们的阅读效率和理解能力。为了培养学生的兴趣和提高他们的阅读能力，教师可以选择多样化的阅读材料，如新闻报道、故事、科普文章等，让学生接触到不同类型的文章，拓宽他们的知识面。组织学生进行小组或全班的阅读讨论，让学生分享他们的理解和观点，激发学生的思考和表达能力，并且促进他们之间的互动和合作。

（五）写作技能教学

教师应该帮助学生建立写作的基本框架，包括引言、主体段落和结论。引言应该能够吸引读者的注意力，并明确写作的目的。主体段落应该有清晰的逻辑结构，每个段落都应该有一个主题句，并且要提供支持和例证来支持主题句。结论应该总结文章的主要观点，并给读者一个深刻的印象。学生可以学习如何使用过渡词和短语来连接句子和段落，使文章更加连贯。学生还可以学习如何使用各种句型和词汇来丰富自己的写作。学生还可以学习如何进行有效的修辞和比喻，以增强文章的表达力。学生通过写作练习来提高他们的写作技能，教师提供一些写作任务，如写作短文、写作日记或写作信件等。学生通过反复练习来提高他们的写作水平，并从中获得反馈和指导。学生互相交流和评论彼此的作品，从中学习和借鉴对方的写作技巧，组织一些写作小组活动，让学生在小组中互相讨论和修改彼此的作品。

二、英语教学评价

（一）个性化评价

每个学生都有自己的学习风格、兴趣爱好和学习能力。传统的一刀切评价方式无法满足每个学生的需求，个性化评价更好地了解学生的学习情况，帮助他们充分发挥潜力。通过个性化评价，教师可以更好地了解学生的学习进展和困难，为他们提供有针对性的指导和支持，促进他们的学习成长。通过观察、记录和交流等方式来了解学生的学习情况，如，观察学生在课堂上的表现，包括参与度、注意力集中程度和学习态度等。记录学生的学习成果，如作业、考试成绩和课堂表现等。与学生进行个别或小组交流，了解他们的学习需求和困难，为他们提供有针对性的指导和支持。教师需要投入更多的时间和精力来了解每个学生的学习情况。这对于教师来说可能是一项挑战，特别是在人数较多的班级中。个性化评价需要教师具备较高的专业素养和评价能力。教师需要了解不同的评价方法和工具,并能够根据学生的需求进行灵活运用。个性化评价需要教师与学生之间建立良好的沟通和信任关系。教师需要与学生进行频繁的交流,了解他们的学习需求和困难,为他们提供有针对性的指导和支持。

(二)同伴评价

在英语学习中,学生可能会面临各种各样的困难和挑战。通过同伴评价,学生可以从不同的角度获得反馈,了解自己的优势和不足之处。同伴评价帮助学生发现自己的问题,并提供具体的建议和指导,以便改进和提高。学生通过互相评价和讨论,分享自己的学习心得和方法,激发学生的学习兴趣,增强他们的学习动力,从同伴的成功经验中学习,借鉴他们的学习策略和技巧。通过对同伴的作品进行评价,学生需要仔细观察、分析和评判,提出具体的问题和建议,以及支持自己观点的理由。通过接受同伴的评价和反馈,学生可以更好地认识自己的优势和不足,并对自己的学习进行自我评价。同伴评价也可以增强学生的自信心,鼓励他们在学习中勇于尝试和表达自己的观点。

(三)反馈评价

教师可以在课堂上给予学生实时的反馈,包括表扬、指导和纠正,及时激励学生,帮助他们纠正错误并改进学习方法。给学生写评语或批注,指出他们的优点和不足之处,让学生在课后仔细阅读,并更好地理解教师的建议和指导。通过进行统一的考试,可以客观地评估学生的英语水平和学习成果,帮助学生了解自己在整个班级或学校中的位置,并激励他们更加努力地学习。

第三节 高校英语教学模式

一、语言知识教学

语言知识包括语音、语法、词汇、语用等方面。语音知识是英语学习的基础,包括音素、音节、重音、连读等方面。音素是语音的最小单位,是区分词义的基本要素。在高校英语教学中,应该注重音素的教学,让学生掌握英语中的音素,从而正确发音。重音是英语中的一个重要特点,它能够改变词义。在高校英语教学中,应该注重重音的教学,让学生掌握英语中的重音规律,从而正确发音。连读是英语中的一个重要特点,它能够使句子更加流畅。在高校英语教学中,应该注重连读的教学,让学生掌握英语中的连读规律,从而更加流利地发音。语法知识包括句子结构、时态、语态、语气等方面。句子结构是英语语法的基础,包括主语、谓语、宾语等要素。在高校英语教学中,应该注重句子结构的教学,让学生掌握英语中的句子结构,从而正确使用语法。在高校英语教学中,应该注重时态的教学,让学生掌握英语中的时态规律,从而正确使用语法。语态能够表达动作的主语和客体的关系。在高校英语教学中,应该注重语态的教学,让学生掌握英语中的语态规律,从而正确使用语法。词汇知识包括单词、短语、惯用语等方面。单词是英语学习的基础,是构成句子的基本要素。在高校英语教学中,应该注重单词的教学,让学生掌握英语中的单词,从而正确使用语言。短语能够表达更加复杂的意思。在高校英语教学中,应该注重短语的教学,让学生掌握英语中的短语,从而更加准确地表达意思。在高校英语教学中,应该注重惯用语的教学,让学生掌握英语中的惯用语,从而更加自然地表达意思。

二、语言技能教学

在高校英语教学中,通过听力训练可以提高学生的听力理解能力和语音辨别能力。教师可以运用多种听力材料,如录音、视频和实地听力等,让学生接触到不同的语言环境和语言风格,培养他们的听力反应能力和听力理解能力。通过口语训练可以提高学生的口语表达能力和交际能力,组织各种口语活动,如角色扮演、小组讨论和演讲比赛等,让学生积极参与,提高他们的口语流利度和语言准确性。阅读是学生获取信息和扩大词汇量的重要途径,通过阅读训练可以提高学生的阅读理解能力和阅读速度。选取适当难度的阅读材料,如新闻报道、学术论文和文学作品等,让学生进行阅读和理解,培养他们的阅读技巧和阅读策略。

通过写作训练可以提高学生的写作能力和思维能力，引导学生进行写作练习，如写作文、写摘要和写评论等，让学生逐步提高写作的逻辑性和表达能力。

三、语言文化教学

语言是文化的载体，学生只有了解目标语言所属文化的背景，才能更好地理解和运用该语言。通过语言文化教学学生更深入地了解目标语言的习惯、价值观和社会背景，从而更好地掌握语言。在全球化的背景下，跨文化交际能力对于学生来说变得越来越重要。语言文化教学可以帮助学生了解不同文化之间的差异和相似之处，培养他们的跨文化交际能力，使他们能够更好地与来自不同文化背景的人进行交流和合作。语言文化教学有助于学生提高对文化的敏感性和理解力，培养他们的文化素养。通过学习目标语言的文化学生拓宽视野，增加对世界的认知，培养自己的人文精神和国际视野。在教学中，教师可以通过介绍目标语言所属文化的背景知识，引发学生的兴趣。教师可以通过图片、视频等多媒体手段展示目标语言国家的地理环境、历史背景、传统文化等，使学生对目标语言的文化产生浓厚的兴趣。将目标语言的文化与学生所熟悉的本土文化进行比较与对比。通过比较学生更好地理解目标语言文化的特点和与自己文化的差异，从而更好地适应跨文化交际的需要。组织学生参与各种文化体验活动，如品尝目标语言的传统食物、参观相关文化场所等。通过亲身体验学生可以更加深入地了解目标语言文化，并且增强对文化的认同感①。通过课堂讨论、小组活动等形式培养学生的文化意识。教师可以引导学生思考目标语言文化中的价值观、礼仪习惯等方面的差异，并鼓励学生从多元文化的角度思考和理解。在教学中使用丰富的文化素材，如文学作品、电影、音乐等，来帮助学生更好地了解和感受目标语言文化的内涵。通过与文化素材的互动，学生深入体验和理解目标语言文化的特点。语言文化教学可以与其他学科进行跨学科教学的结合。将语言文化教学与历史、地理、社会学等学科相结合，通过多维度的学习，加深学生对目标语言文化的理解。

---

①戚迪．大数据视域下高校英语教学模式的研究[J]．海外英语，2022(23)：132-134.

第二章 高校英语教学模式类型

第一节 分课型英语教学模式

一、分课型英语教学模式的概念

分课型英语教学模式的核心思想是将英语学习分解为不同的课程类型,以便更好地针对每个课程类型进行教学。分课型英语教学模式帮助学生更好地理解和掌握英语知识,因为每个课程类型都有其独特的教学策略和教学资源。例如,听力课程需要使用录音材料和听力练习,口语课程需要使用口语练习和对话练习,阅读课程需要使用阅读材料和阅读理解练习,写作课程需要使用写作练习和写作指导。分课型英语教学模式能够帮助教师更好地组织教学内容和教学资源。教师可以根据每个课程类型的不同需求,选择最适合的教学材料和教学策略,以达到最佳的教学效果。教师可以使用录音材料和听力练习来帮助学生提高听力能力,使用口语练习和对话练习来帮助学生提高口语能力,使用阅读材料和阅读理解练习来帮助学生提高阅读能力,使用写作练习和写作指导来帮助学生提高写作能力。分课型英语教学模式的实施需要教师具备一定的教学经验和教学技能。教师需要了解每个课程类型的教学策略和教学资源,以便选择最适合的教学材料和教学方法。教师还需要根据学生的不同需求和能力水平,调整教学内容和教学进度,以确保每个学生都能够获得最大的收益。

二、分课型英语教学模式的价值

分课型英语教学模式能够提高学生的学习兴趣和积极性。传统的英语教学模式往往以教师为中心,学生被动接受知识。分课型英语教学模式注重学生的主动参与和互动,通过小组合作、角色扮演等方式激发学生的学习兴趣。学生在积极参与的过程中,能够更好地理解和掌握英语知识,提高学习效果。分课型英语教学模式能够培养学生的综合语言运用能力。分课型英语教学模式注重培养学生的听、说、读、写的综合能力。通过各种实际情境的模拟和练习,学生能够更好地运用所学的英语知识,提高语言的实际运用能力。分课型英语教学模式能够促进学生的自主学习和创新思维,分课型英语教学模式注重培养学生的自主学习能力和创新思维[①]。学生在小组合作、角色扮演等活动中,能够主动思考和解决问题,培养创新思维和解决问题的能力。分课型英语教学模式能够提高学生的学习效果和成绩。通过分课型英语教学模式,学生能够更好地理解和掌握英语知识,提高语言的实际运用能力,培养自主学习和创新思维,提高学生的学习效果和成绩,使他们在英语学习中取得更好的成绩。

三、分课型英语教学模式的理论依据

分课型英语教学模式借鉴了认知心理学的相关理论,如信息加工理论和认知负荷理论。信息加工理论认为学习是一个主动的、个体的过程,学生通过接收、加工和存储信息来构建知识结构。而认知负荷理论则强调学习过程中的认知负荷应适度,分课型教学模式通过将学习内容分解成小的模块,减轻学生的认知负荷,提高学习效果。分课型英语教学模式也受到了任务型教学理论的影响。任务型教学理论认为学习应该是真实的、有意义的,学生通过完成任务来实现语言能力的提升。分课型教学模式将学习内容分解成小的任务,让学生在完成任务的过程中进行语言实践,提高语言运用能力。分课型英语教学模式借鉴了社会文化理论的观点。社会文化理论认为学习是社会交往的过程,学生通过与他人的互动来获得知识和语言能力。分课型教学模式通过小组合作、角色扮演等方式,促进学生之间的互动和合作,提高语言交际能力。分课

①王秀芳,蔡其伦.多维互动教学模式在高校英语教学中的应用研究[J].辽宁科技学院学报,2022,24(6):68-70.

型英语教学模式借鉴了教育技术理论的观点。教育技术理论认为教学应该充分利用现代技术手段,提高教学效果。分课型教学模式通过使用多媒体教学、网络资源等技术手段,丰富教学内容,激发学生的学习兴趣。

四、分课型英语教学模式的特点

分课型英语教学模式明确了每个阶段的学习目标,使学生清楚知道他们需要学习和达到的目标是什么,有助于学生更好地理解和掌握所学内容。每个阶段都有具体的任务,学生需要完成这些任务来达到学习目标。这些任务可以是听力练习、口语对话、阅读理解等,通过任务导向的学习,学生能够更好地应用所学知识。分课型英语教学模式注重学生的主动参与,学生在每个阶段都需要积极参与课堂活动。他们可以与同学合作、进行小组讨论、展示自己的学习成果等,增加学生的兴趣和积极性。分课型英语教学模式采用了多种教学方法,如听力训练、口语练习、阅读理解等,满足不同学生的学习需求,提高教学效果。分课型英语教学模式注重个性化学习,教师可以根据学生的不同水平和需求进行差异化教学,帮助每个学生达到最佳学习效果。在每个阶段结束后,教师会及时给予学生反馈,指出他们的优点和不足之处,并提供相应的建议和指导,帮助学生及时纠正错误,提高学习效果。分课型英语教学模式将每个阶段的教学内容有机地衔接起来,使学生能够逐步深入地学习和掌握英语知识。

第二节 多模态英语教学模式

一、多模态教学的背景与现状

(一)英语多模态教学的背景

1.感知模态产生

研究发现,在逐渐演化的过程中,生命体会获得不同的感知通道,常见的感知通道有五种:其一是视觉通道,它是通过眼睛获得的;其二是听觉通道,它是通过耳朵获得的;其三是触觉通道,它通过皮肤获得的;其四是味觉通道,它是通过舌头获得的;其五是嗅觉通道,它是通过鼻子获得的。通过这些生命通道,生命体就可以同周围环境进行信息交换,甚至生命体能否在这个弱肉强食的大自然中很好地生存、不断地繁衍,都取决于这些感知通道能否很好地进行相互作用,能否快速地对周围发生的变化进行有效的反应。此外,这五种感知渠道还会产生相对应的五种交际模态,其中,视觉模态和听觉模态与话语分析的关系是最为紧密的。

2.媒介、模式同模态的差别

在进行多模态话语分析时,会经常用到这三个词语,即模式、媒介和模态。在某种意义上,这三个词语之间是存在着一定联系的,并且它们之间的联系又没有一个非常明确的界限,所以很容易会引起一些混乱和误解,要想消除这些混乱和误解,就必须要对这三个词语的含义分别进行详细说明才可以。所谓模式,指的就是一种交流渠道,它作为一种话语模式,是系统功能语言学家所说的话语范围和话语基调并列的语境三要素之一。常见的模式有书面模式、口头模式以及电子模式等,信息的流动和语篇应该具备的一些特性都会在这些模式被使用和发生变化时,受到一定程度的影响。从严格意义上来说,媒介在语言学和符号学意义上都不能被看成是一种术语,它主要是指在语言交际过程中所使用的技术。虽然模态与情态有相同的英文名称,即Modality,但是这两个词语的含义却并不相同。情态主要是指在一个语言系统当中,说话者对事物的可能性和必要性进行判断,并表明自己态度的语义系统。模态则主要是指包括技术、图像、语言、音乐和颜色等符号系统在内的一种交流渠道和媒介。

(二)多模态英语教学的现状

多模态教学目前已经作为一种教学理论被运用到高校英语教学当中。多模态教学改变以往单模态教学,通过图片、语音、网络、小组合作、角色扮演、联想等多渠道、多种教学手段将学生的视觉、听觉、触觉、嗅觉、味觉同时调动起来,使学生做到多感官并用,并一同参与到英语的学习中，这样不仅可以增强记忆力，还可以帮助学生展开联想，最终帮助学生听、读、写能力的提升。

从多模态教学法中可以看出，人们在进行交际时，我们的身体和大脑是通过多种模态和感官互相配合一同参与的，是不可分割的。多模态手段运用到教学中不仅可以培养学生的多元读写能力，提高学生的综合素质，还可以提高大学英语教学的效率和推进教学改革的进程。

二、多模态教学模式的理论基础

(一)教育学、心理学理论基础

1.大学英语教学研究的学科定位

经过无数次的实践之后，外语教学告诉我们，仅仅语言这一个要素是不能组成语言教育的，它是多层面立体结构，是由众多要素一起构成的，也就是说，除了语言要素以外，与语言教育直接相关的要素还有教育学、心理学以及社会学等，所涉及的内容也是语言学很难涵盖和取代的，如教材、教师、学生、教学目标以及组织管理等。

如果是按照“教育学→各学科的教学→外语教学”这样一个路线图的话，那么就不仅仅是将外语教育归到应用语言学的范畴，而是应该把它看成是教育学的一部分。划分完成之后，就应该将教育实践作为外语教学的出发点，并且还应该将语言在教学过程中所起到的作用作为教学的重点。可以说，教育语言学具有很多重要的特征，这也使得这门学科具有很强的独立性。不管是从理论上来说，还是从实践上来说，在研究高校英语教育教学时，如果能够做到从教育语言学的理论视角出发，那么也就意味着研究具有合理性。

2.认知负荷理论

除了建构主义以外，认知负荷理论是另外一个对教学起到指导作用的心理学理论，且在教学中有着举足轻重的地位。该理论假设人们头脑中知识结构是由短时记忆和长时记忆组成，短时记忆又叫工作记忆，学习是在长时记忆以图式的形式建立知识，教学则是为了能在学生的长时记忆里储存信息，工作记忆储存信息的时间短，容量也小，而长时记忆时间长，容量大，而进行图式建构可以使工作记忆的负荷得到有效减轻。

如果在工作记忆区对一些新信息进行处理，就能建构图式，建构完成后，就可以投入应用，直到获得反复的成功之后，才能真正实现图式自动化。

记忆在学习中所能够起到的作用是认知负荷理论的一大关注点，该理论认为，若想实现有效的学习，非常重要的一点就是能够对认知资源进行较为合理的分配。由于工作记忆的一个非常显著的特点就是存储容量非常有限，再加上认知资源的总量是恒定不变的，因而认知负荷理论就得出了以下结论：如果能够在设计教学的过程中最大限度地将一些不必要的认知负荷从制定的学习任务中移除，那么必然会使学习者的学习效率得到很大程度的提升。

此外，在研究认知负荷理论的基础上，研究者还提出了促进教学的教学效应，并根据学习者的认知不同做了具体划分，适合初学者的包括样例效应、分散注意力效应、形式效应，有一定专业知识的学习者适合专业知识反效应、冗余效应、想象效应①。这些研究对进行外语教学设计有非常重要的指导和帮助作用。

3.学习理论

学科和学科之间往往都是相互影响、相互渗透的，如教育学和心理学所形成的交叉学科就是教育心理学，这种现象也是现代科学发展的特点之一。学习理论主要就是对教育心理学的核心内容进行研究，可以说，该理论对大学英语的教学和研究所起到的指导作用是非常巨大的。

(1)学习理论的发展演变

自开始研究学习运行机制以来，直到现在，共涵盖了很多理论流派的发展和演变，如行为主义、认知主义、建构主义、社会建构主义和联通主义等，

行为主义学习理论常常会将学习的过程看成是“刺激反应”的过程，所以在使用这种学习观念来对语言学习进行指导时，非常关注和强调对学习者语言技能的训练。该理论认为，通过“刺激反应”的原理所形成的机械性语言操练就是语言学习，这一过程就是向学习者灌输语言知识的过程，从而让他们逐渐形成一种语言习惯。如今，虽然很多高校都开始

①杨娜. 多维互动教学模式在高校英语教学中的应用[J]. 延边教育学院学报，2020，34(5)：193-194+198.

使用计算机网络来辅助英语的教学,但即便如此,在某些学习阶段,尤其是在训练学习者的语言技能时,行为主义学习理论仍然发挥着非常积极的作用。

(2)多媒体学习认知理论

比较而言,很多学者认为,一个较为严谨的科学体系就是多媒体学习认知理论,从内容上来说,基本假设、学习科学、教学科学和应用领域就是它的基本组成部分。并且,这四部分之间还有非常密切的关系。法国语言学家、教育家梅耶的理论是在一些基础假设的基础上逐渐发展起来的,这些基础假设主要包括以下几种。双重通道假设认为,人们在对信息进行加工时,会因为信息来源不同而采用不一样的通道。比如,对于视觉和听觉表征的材料来说,人们所具有的信息加工通道一共有两个,也就是说,人们会采用独立的、不同的通道来加工听觉语言和视觉图像的材料。容量有限假设认为,在相同的时间之内,每个信息加工通道在加工该通道的信息时,必须要把这一行为建立在原有的认知资源基础上,然而这个原有的资源并不是无限量的,因此所能处理的信息容量也就是有限的了,也就是说,人们每次所能处理和加工的声音或者视觉图像都是有限的。主动加工假设认为,一旦需要进行信息加工,人们就能够带着自己曾经获得的经验积极地参与到该认知加工的过程中去,将新的信息和已有的其他信息重新整合,并能够构建起一个较为连贯的心理表征。所以,心理学家认为,假如学习者如果能够积极并且恰当地对信息进行认知处理的话,也就是对学习的内容进行选择、组织和整合,那么也就意味着他们的语言学习必然是有意义的。选择、组织以及整合等一系列认知过程,是积极的多媒体学习必然会经历的:首先,对自己想要听到和看到的相关信息,如词语和图片等,学习者会进行选择而产生感知,其工作记忆也会由感知记忆转换而来;其次,把自己选择的词语和图片,经过一个选择性的挑选,组成连贯的心理表征,并交由工作记忆来处理;最后,将之前获得的知识从长期记忆中翻找出来,然后整合词语和图片表征,从而产生新的知识。

梅耶认为,对学习者的认知过程给予足够的支持,是多媒体学习过程中所面临的一个最大挑战。按照认知负荷理论的相关观点,多媒体学习的任务主要有三个:将不包含在学习目标之内的认知过程去除;通过选择性认知,对呈现学习材料的基本认知过程进行管理,常见的有心理过程和材料的内在复杂性;通过组织、整合等深层认知,加深对学习任务和内在学习动机的了解,也就是使产出性认知过程得到进一步促进。针对以上三大任务,梅耶还制定了相对应的设计原则:针对第一大任务,可以采取连贯性、侧重性、冗余性、空间连续性、时间连续性等五个原则;针对第二大任务,可以采取分段、预演和模态配合原则;针对第三大任务,可以采取多媒体和个性化原则。

在新媒介时代,非常容易在构建学习环境的过程中忽视了学习的中心地位,而是将技术放在中心地位。将技术放在中心地位的设计是本着利用技术来辅助教学的目的,设计者将技术看成了教学工具,关注的是技术能够为教学做一些什么。而多媒体学习认知理论则恰恰相反,设计者在设计时完全是以学习者为中心,在他们看来,技术只是起到了辅助的作用,他们更加关注学习者大脑的学习机制以及学习者学习和记忆的效果,他们的目的就是想通过对技术的合理运用,使学习者能够更加有效地去进行语言的学习。

以新媒介作为条件,使用多媒体学习认知理论的教学指导原则和获得的研究成果来对如何实现有效教学进行指导,具有非常大的意义。

4.课程与教学论

(1)CBI理论

CBI理论的教学原则主要体现在:其核心是学科知识;其所适用的都是真实的原材料;对于不同的学生群体,其都能够很好地满足和适应他们不同的需求。该理论的教学模式主要有四种:主题模式;课程模式;辅助模式;沉浸模式。教师在选择使用哪一种或者哪几种教学模式之前,应该充分结合自身所处的教学环境以及所涉及的教学层次、教学对象,同时还应考虑到所要达到的教学目的等。经过大量的研究和实践,可以总结出CBI教学观具有以下几点较为显著的特征。

学习者只有在一定内容的基础上经过不断学习和练习才能实现对语

言的掌握,而要想为学习者在学习语言的过程中创造出更加有意义的语境,就必须要确保语言教学材料的真实性和系统性,只有这样才能促进有效学习。对于那些主修专业不是英语的学生来说,如果能在他们专修专业学科内容的基础上对他们增加语言学习,那么必然会对语言输入、语言吸收和语言输出有非常大的帮助和促进作用,从而使这三者之间形成一个良性循环。以输出为驱动的CBI教学模式更加关注两点:学生进行语言学习时的积极性;教师所提供学习资料的真实性。该模式并不要求学生能够多么出色地去完成任务,它的目标就是希望教师能够在输出任务的驱动下,积极主动地去找寻一些比较新的信息和材料,有了这些信息和材料,再加上教师的指导和协助,使得学生能够顺利完成任务,同时还能够展示出自己的学习成果。可以说,在传统的大学英语课堂当中,学生是很难会有这样的研究型学习体验的。除了能够让语言和内容的双重学习目标都得以实现之外,CBI教学模式还能通过让学生进行体验式和研究型的学习,使他们能够主动对学到的知识进行运用,有助于对他们的协作意识和批判思维意识的培养。在传统的大学英语课堂当中,教师扮演的大多是“授人以鱼”的角色,他们只是单纯地向学生传授相关知识,并对学生进行语言训练。但是在CBI教学模式下,教师更多的是扮演“授人以渔”的角色,也就是除了以上知识传授者和语言训练者的角色以外,教师还需要积极地参与到课程的设计当中,除此以外,他们还要在进行课程活动时起到有效的协助作用。这一角色的转化在学科内容中尤为明显的体现是在更具专业性的课程教学中。在这些课程当中能明显感觉到,内容方面更加突出了学生的学习主体地位,甚至表现为学生在某些方面比任课教师知道得还要多和深,对于一些学科内容上的问题,教师可能还需要向学生请教。之所以会出现这样的情况,是因为在这样的教学模式中,教师的主要职责是在教学情境中来协助学生有效地开展基于内容的语言学习、完成学习任务,而这些教学任务和教学活动,是早已设计好了的。

(2)多元识读教学法

经济全球化使得文化呈现出了多元化的趋势,同时也加深了交流的多模态化和语言的多样性。并且,由于逐渐增强的语言和文化的地域多样性和全球关联性,以及新媒介时代交流表达形式的多模态化,也直接导致了多元识读教育的产生。主要体现在以下两方面。

一方面,在全球化的背景下,各国的文化都相互融合和交流,似乎世界都开始变得越来越小,文化和语言都逐渐呈现出了多样性和多元化的趋势,这也就直接导致了多元识读的产生。在这一背景下,英语在不同的文化和社会背景中都得到了非常广泛的应用,同时它也逐渐成了一种全球性的语言,这也就使得在使用英语进行交流时,不仅具有跨文化性,同时还具有多样性。

另一方面,在新媒介条件下,多模态化的趋势已然在表达方式中逐渐呈现出来,这也直接导致了多元识读的产生。之后,新媒介得到了迅速发展,这也在很大程度上改变了人们的交流方式。主要体现在人们的交流方式已经不仅仅只是局限于文本,他们逐渐倾向于通过将书面语和口头语相结合的方式进行交流,也就是有效结合视觉、听觉、手势、触觉和空间等模态,从而使得人们之间的交流具备了多模态的属性。特别需要注意的是,这种交流方式的改变,要求学习者必须要具有足够的能力去理解和掌握那些越来越重要的媒体表现形式。

(二)哲学基础

1.主体间性哲学观与间性理论

(1)媒体间性

媒体间性是指不同媒体间的相互作用、相互联系的关系,关注的是媒体之间互相作用而产生的传播效应。现如今多媒体走进课堂,正确的使用多媒体教学,使教学多元化立体化,可以增加学习的互动性,活跃课堂气氛。

每一个媒体不仅有其独特的个性,同时各个媒体之间还存在着一定的共性。新媒体的主要作用就表现在对师生主体之间、生生主体之间的主体间性进行着强化,与此同时,强有力地促进主体间性的发展的,则是新媒体的多向性和互动性。

(2)语言间性

在语言的指称功能、意动功能以及交感功能之间会有一定的不协调和错位表现出来，这个被称为语言间性。通俗地讲，就是主体在使用两种不同语言的时候，有一定的空间障碍发生在他们进行沟通的时候，这个空间障碍是客观存在的，并不会因为主体的主观意识而绝对不存在。

由于两种不同语言之间会存在内在的差异性，理解度的波动性就会出现在双方再进行沟通的时候，此时这种波动性的产生就是语言系统的二元性特征的充分体现，也是客观存在的，换句话说就是语言系统同时存在着开放性和封闭性。语言系统的这种特征直接决定着语义的二元性，语义的弹性特征导致了语用双方的沟通仅仅只是一种可能。

纵观中西语言文化交流的历史，如果从宏观上来看的话，我们可以发现，语言的同化和异化，为语言的主体间性理论提供了证据和补充，同时，对于语言多样性的维护和发展来说，其还具有非常大的参考价值。由此可见，国家需要在宏观语言政策方面对其给予足够的重视。

(3)文化间性

所谓的文化间性，其实就是跨文化性。只要在文化学领域里有着间性思维模式的应用，文化间性这一问题就会出现，换一个角度来看，在文化领域出现的这种具体体现，折射出的是西方哲学中的主体间性问题。文化共生、互动和意义生成这些特征就会呈现在不同文化主体与生成文本的对话关系中，因此，要加强主体的网络跨文化素养，还应在大学英语的教学过程中去引导学生进行一定强度的跨文化学习。

(4)文本间性

一个特定文本与其他文本之间的关系，被称为文本间性，也叫互文性。所谓其他文本，指的就是被改造过的文本，而这种改造是在对该特定文本引用、改写、吸收、扩展的基础上或是直接在总体上进行的，可以说，包含具有各种可识别形式的其他文本是所有文本的都有的特性。“语篇间性”可以从本质上很好地被用来替代“互文性”，它不仅包括多个已确定文本之间的关系，即“跨文本性”，也包括某一文本对其他文本的扩散影响，即“文本关涉性”。

2.间性理论指导下的多模态课堂教学原则

(1)基于主体间性的交互性教学原则

在主体间性的语言观和外语教学观的引导下，能够最大限度地恢复外语教学原来所固有的特征。新的哲学范式和方法论原则能够直接影响外语教学的目的、外语教学的过程以及外语教学过程中教师和学生之间的关系，并且，这种影响是积极的、深远的，而这些范式和原则是主体间性所提供的外语教学活动中的主体，毫无疑问，一定是教师和学生，其客体则是该教学活动中所要完成的任务，我们称之为教学内容。外语教学的教学内容主要是由相关课程、所用到的教材以及其他教学资源共同构成，具体的实践结构模为“教师—教育内容—学生”。从本质上来看的话，主体间性理论就是主体交互性。

目前，我国的很多高校在进行外语教学时，都严格遵循着这样一个教学原则，那就是将学生视为教学的主体，而教师则主要是起到主导的作用，同时，这也充分体现了主体间性理念。交互性原则除了是一个教学组织原则以外，同时它也是一个学习行为原则，也就是说，该原则不仅可以直观地将一名教师的教学理念和教学方法反映出来，同时还能够直观地将每名学生的学习理念以及所采用的较为有效的学习策略反映出来。

（2）基于媒体间性的多模态教学原则

要想不断地去创新课堂教学媒体、课堂教学模式以及课堂教学模态，就必须要对媒体间性进行深入的探讨。随着新媒介时代的到来以及不同媒介之间的相互融合，使得人们开始注重对媒体间性的研究。

传统的教学系统都是相对比较鼓励和封闭的，但是自从有了新媒介技术的介入之后，教学系统逐渐变成了一个开放和动态的系统。教学系统在受到教学媒体要素的强烈作用之后，它其中的各大要素就都会被融入一定的技术因素，这也是为什么教学系统会变得越来越复杂和多变，也正因如此，才为大学英语教育教学改革发展提供了更加广阔的空间。

此外，由于教学系统各要素之间的交互关系过于复杂，所以就更应该特别关注教师和学生之间、学生和学生之间交流的有效性，以及他们对相关技术运用的灵活程度等，具体体现在以下两方面。体现在教师与学生进行的直接对话上，也就是通过语言进行的交流。同时，也体现在间接对话上，如体态或者眼神之间的交流，这种对话方式充满着随性，是教师和学生之间的即兴对话，但这种对话往往却也是最真实的，这种真实的交流对学生更深层次地理解教学内容有非常大的促进作用，同时也能帮助学生培养他们的独立构建语义网络的能力和协作共进的素养。自从大学英语教学中普及了计算机网络技术之后，以网络为基础的教师和学生之间的交流、学生和学生之间的交流以及学生利用网络进行的自主学习都在很大程度上扩展了英语教学的边界，从而使学生在学习成长的过程中更能突出自己的个性，使他们的团队意识和合作精神得到进一步培养。

(3)基于文化间性的跨文化教学原则

在跨文化哲学当中，文化间性属于一个相对比较重要的范畴，具有多元文化共存、交流互识、意义生成的特点。可以说，它是处在语言的基础上，但是又超越了语言的一种隐形间性。在大学英语教学中，不仅要将跨文化原则渗透到基于主体间性的教学理念、教学模式和教学方法中，而且要在媒介间性的基础上，对媒体进行不断创新，从而促进文化交流、传播以及多元文化资源的开发利用。

此外，大学英语课程教学的一个固有属性就是跨文化性，这在教学课程设置、教学计划、教学组织、教学内容、师生和生生之间的交流方式、社团活动以及教学资源建设等方面都有所体现。它所反映的不仅仅只是该学校的文化风貌，同时也是对教师跨文化素养和教学水平的一种反映。可以说，它对学生跨文化交际意识的培养是非常有帮助的。

(4)基于语言间性的外语教学原则

除了需要遵循以上几项原则以外，大学英语课堂教学还应该遵循外语基本教学原则，之所以要遵循这一原则，主要是取决于大学英语的课程性质以及大学英语教学研究的学科属性。常常会被用到的外语基本教学原则主要就是基于中介语、母语迁移等二语习得理论的教学原则。

(5)基于间性整合的教育生态学原则

生态化教学应该算是大学英语多模态教学的一个最为理想化的状态。大学英语多模态教学应该在遵循交互性教学原则、多模态教学原则、跨文化教学原则及二语习得教学基本原则的基础上，对间性理论、教育生态学、建构主义学习理论等进行综合运用，从而使大学英语教学模式更加多元、动态、系统和生态化。

总的来说，就是要对多媒体网络和大学英语教学各要素之间的生态平衡进行较为全面的整合和协调，只有这样才能使大学英语教学改革得到进一步推进，才能在多媒体网络环境下实现大学英语教学效能的最大化。

（三）语言学理论基础

1.二语习得理论的研究领域及其主要流派

早在20世纪60年代末，就已经有了对二语习得的研究，作为一个相对独立的学科，人们对它的研究主要涉及三个领域：对于中介语的研究；对于学习者内部因素的研究；对于学习者外部因素的研究。其中，在这三大类研究领域中，每个研究领域又被分成许多个小类的研究对象。研究的重点主要就是以上三大领域内的因素，除此之外，对于各大类之间的关系和各小类之间的关系的研究也应该重视起来。

2.我国的外语学习理论研究

在很长的一段时间里，我国都是在结合了以往外语教学实际的基础上，同时依靠引进外国理论来开展应用性的二语习得理论研究的。但与国外的第二语言学习相比，我国外语学习表现出来的特点是完全不同的，因此，我们必须要结合我国外语教学的实际，采用一个较为谨慎的态度来对待国外的语言教学理论，特别是对第二语言习得理论，要更谨慎和重视。

除此以外，我们在对国外理论不断地吸收和借鉴的过程中，还应该从我国学生的实际出发，对他们学习外语过程中存在的特殊性进行全面且充分的考虑，只有这样才能在不断探索的过程中，建立起一套符合我国特色的外语教学理论体系和切实有效的方法。

三、多模态教学的选择原则

所谓在语言教学中运用多模态，指的就是让学习者在语言学习的过程中能够同时调动起眼、耳、手、口等感知通道，从而能够很好地将以往抽象且单调的学习内容变得更加动感、形象、多样和生动。

多模态教学理论认为可以通过不同的渠道和教学手段，如网络、图片或者进行角色扮演等，充分将学生的多种感官调动起来，从而能使这些感官在学生语言学习的过程中协同运作。同时，该理论还注重对学生多元读写能力的培养。在英语教学中采用多模态的教学方式，能够让整个课堂更具活力，对于活跃课堂气氛有很大的帮助。但是需要特别注意的是，在实际的课堂教学中，如果使用了多模态教学方法，那么为了更加突出知识点，就必须要严格遵循相应的原则来对用到的多模态进行选择，只有这样才能使学生更容易记忆，学习成效自然而然也就得到了提高。

张德禄认为，对现代媒体进行充分利用是模态选择的总原则，同时，还应将讲话者所要表达的意义最大限度地体现出来，力求取得最佳效果。在多模态话语交际框架下，可以根据有效原则、适配原则、经济原则这三个原则来选择模态。其中，前两种原则还有自己的次级原则。

（一）有效原则

有效性原则指的是不管是哪种模态，都应该在能够取得较好教学效果的前提下进行选择，只有这样才能有效避免对模态的无效使用，才能使产生的正面效应大于负面效应。在教学中运用多模态对增强学生的记忆有很大的帮助。然而，没有考虑到学习效果的模态或者几种组合起来分散学生注意力的无效模态，都是没有任何意义的。有效原则可分成以下两个原则。

1. 工具原则

多媒体技术的使用可以为教师和学生创造出真实度非常高的语境。教师可以多收集一些拍摄于真实交际场景的视频，作为外语教学的学习材料，从而让学生能够对真实语境中的实际情况有一个更加真切的了解和认识，让他们能够获得更加具体的语境知识。教师可以充分利用网络视频的功能，提供更多的机会让学生和以英语为母语的同龄人以网络视频的方式进行沟通和交流。教师可以给学生多看一些真实的语境图片或者文字，帮助他们对真实的交际环境有一个更加深刻的了解。总的来说，与单模态话语相比，多模态交际能够为学生提供更多的从多方面获得信息的机会，有利于学生的理解和记忆。

2. 引发原则

所谓引发原则，指定的就是利用现代技术，为学生提供内在的动力，让他们心甘情愿地参与到教学活动中来，也就是将外在因素转化为内在因素。例如，通过提供新颖的图片、特殊物品、有趣的简笔画、艺术字等，吸引学生的注意力，激发学生的学习兴趣。

（二）适配原则

在对不同的模态进行选择时，就要充分考虑两种或者几种不同模态相互之间的配合程度，以便找寻出最好的搭配方式。与有效原则一样，适配原则有次级原则，主要包括以下几种。

1. 抽象具体原则

在外语教学过程中，教师可以选择其他方式，以在遇到抽象、模糊或不熟悉的知识时提供特定的信息，从而使学生可以更清楚地了解自己的教学内容。以英语教学中的语音教学为例，当教师向学生介绍语音符号的发音规则时，学生获得的知识就是抽象的。如果教师借助语音、口型和发音来显示具体的发音，那么原本抽象的发音方法将更加形象、具体、直观，此外，学生还可以直观、生动地理解和掌握语音字母发音的基本要领。

2. 强化原则

所谓强化原则，主要是指在教学中使用多种模态来增强学生对语言知识的理解。例如，在教学过程中，可以通过PPT、幻灯片、影视等方式来介绍文化背景，而不是仅仅采用教师向学生介绍的简单口头方式。单词和口头描述与图片和电影的结合使学生对语言的理解更加深刻。

3. 协调原则

所谓协调原则，主要是指使用多模式协调来恢复人类社会交流的本质，也就是说，不能仅由一种媒体完成的交流任务就可以由其他媒体来补充。该原则更加注重对模态的协调，而不是对其他模态的过度使用，也就是说，要根据教学的需求来选择模态。并且，各模态之间并不是随意组合的，也不会相互抵消和排斥，而是相互结合、协调运作的。

4. 前景背景原则

所谓前景背景原则，主要是指在外语教学中，语言交流是最主要的方式，即语言交流是主要模态，而其他模态则主要是提供了背景。例如，在英语视听口语课程中需要播放电影，那么相关的电影背景、电影中的人物、对于电影情节的介绍以及电影完成之后所进行的主题讨论就是前景，而电影的播放只是起到了辅助的作用，所以往往会被视为背景。

（三）经济原则

所谓经济原则，主要是指所选择的教学模态不仅是最优的，还应该是最简的，也就是说，选择的过程是在这两个条件的矛盾之中进行的。这里所说的最简，主要是从经济的角度来考虑的，这也就意味着，选择的模态要尽可能简单。目前来看，许多教师都倾向于选择多媒体等一些较为现代的技术设备，虽然这些技术设备的价格相对较高，操作起来也相对复杂，但是，它们对教学效率和教学效果的提升却有很大的帮助。

由此可见，为了让说话者更好地表达，为了使教学效果得到最大程度的提升，教师在选择教学媒体时，也要严格遵循简单经济的原则来对多媒体技术进行选择。与此同时，教师在选择模态时，为了进一步增强教学效果，也应多多考虑使用图片、贴画、彩卡等其他媒介方式。

四、英语多模态教学实践

（一）多模态听力教学实践

网络环境下多模态听力教学的构建，其中心内容主要包括听力教学中的四个环节的模态转换。

1.准备环节

在介绍听力背景时，教师应多使用一些图片、影视作品以及制作有趣的PPT，从而可以最大限度地激发学生的学习兴趣。此外，还可以通过使用图片等相关方式来向学生介绍与听力材料有关的单词，让学生学会阅读图片和说单词，以达到通过多媒体实现学生与教师互动的目的。

2.呈现环节

这一环节主要是为了获取信息和构建意义，该环节主要涉及模态之间的相互协作。首先，要说的就是视觉模态，也就是教师通过在颜色、亮度、不用的字体等方式，将一些与听力材料相关的图像当中的关键信息显示出来；其次，教师还可以利用文本来向学生展示一些具体信息，最大限度地减少图像当中一些具体信息的丢失；最后，就是听觉模态，主要是学生与学生之间完成信息传递的过程中，通过各自的音调、语速以及发生的时间来进行配合。

在以上这两种模态当中，主模态是听觉模态，而视觉模态则主要是起到了强化听觉模态的作用，也就是通过视觉模态，让听觉模态能够更加清晰和准确地表达出来。文本信息则主要是为了防止学生出现听觉缺失或者没有完全接收信息的情况，起到了对听觉信息进行补充的作用。

3.练习环节

在学习效果的外部行为表现阶段，学生可以将听说与听写、听力理解与听力练习相结合，对短期记忆信息进行重组和编码。通过多模态教学，将学生的各个感官充分调动起来。

4.评估环节

该环节主要是通过记录和联系的方式，对学生理解信息的程度进行评估，我们都知道，依靠大脑的短时记忆能够帮助学习者去理解自己听到的内容，除此以外，另外一个帮助理解的方式还有笔记，它也能有效实现学生对所听内容的再认知。学生对所听内容的理解程度，决定着他所记笔记质量的高低，以及对大脑记忆信息与笔记内容合成后的意义建构。

（二）多模态口语教学实践

从某种程度上来看的话，受口语课中的口语交流过程的影响，在口语课堂上，本身就会出现听觉模态和视觉模态之间的相互转换。比如，从听觉模态的角度来看，师生双方都有发言权，而作为口语交际实践的主体，学生则比教师的发言机会要多一些；从视觉模态的角度来看，教师则可以借助黑板，或者制作一些具有吸引力的PPT，以及收集一些相关影视作品等方式来对口语主题、文化背景和单词句型等进行展示。口语英语课堂是视觉和听觉模态之间的替代。因此，在多模式口语教学中，要注意加强模式之间的合作关系。

（三）多模态阅读教学实践

1.多模态教学强调感官并用

在对学生进行阅读教学时，教师需要让学生了解相关文章的文化背景和重点单词，这时就可以通过制作PPT的方式来对相关内容进行展示，以便将学生的多种感官一起调动起来，从而使学生对相关背景知识的难点有一个更加深入的了解，有助于他们对单词的记忆，进而实现对所学内容的强化记忆。

2.多模态教学提倡运用多种教学方法

常见的教学方法主要有交际法、互动听说法以及全身反应法等。教师在进行阅读教学时，如果遇到教学内容和教学目的发生改变的情况，那么就应该根据具体变化，随时去更改教学方法。比如，教师想要培养学生通过语篇来理解句子的意思的阅读能力时，就可以将学生分成若干小组，让他们以小组的方式来进行讨论，同时还可以让他们进行口译或者笔译的练习，而不是采用较为单一的由教师来分析语篇的教学模式，这对增强阅读课的兴趣性和操作性是非常有帮助的。

（四）多模态写作教学实践

1.开放性

开放性指的就是将学生视为写作课堂的主体，教师在对课堂活动进行设计时，要充分贴近学生的实际生活，这样有助于学生的实践操作，让他们真正地做到学以致用。比如，在开始写作课程之前，教师可以用课前热身的方式，将本节课的写作话题通过短片或者图片的形式展现给学生；再让学生针对这个话题进行讨论，讨论过后还应让学生将各自的观点罗列出来；观点列出之后，教师要引导学生去扩展自己的观点，为接下来的写作做准备；在学生完成写作之后，教师可以让学生互相交换自己的写作成果，并让他们修改其他学生文章中出现的一些标点、语法以及单词错误；全部修改完成后，教师可以选取几个修改之后作文中比较优秀的句子，并在黑板或者投影仪上进行展示和点评。

2.灵活性

在课堂教学过程中，教师通过不同方式对不同的模态进行转变和互补，以求通过多元化的方式将信息传达给学生。比如，教师在教授学生有关段落写作结构的技巧时，可以使用各种关系图，来让学生更加直观地去理解空间顺序、时间顺序、因果顺序等文章组织方式，然后再添加一些周边新闻或学生熟悉的事物的语音、图片材料作为辅助信息，这对学生的写作内容也更具实用价值。

第三节 情境浸入式英语教学模式

一、情境浸入式英语教学模式的概念

情境浸入式英语教学模式的核心理念是学习者通过参与真实的语言交流活动来学习语言。在这种教学模式中，教师会创造各种真实的情境，例如模拟商店、餐厅、机场等，让学生在这些情境中扮演不同的角色，进行真实的语言交流。通过这种方式，学生可以在真实的语境中学习和使用英语，提高他们的语言技能。在情境浸入式英语教学模式中，学生不仅仅是被动地接受语言知识，而是通过参与真实的语言交流活动来学习语言，帮助学生更好地理解和掌握语言的实际应用，提高他们的语言交际能力。在情境浸入式英语教学模式中学生扮演不同的角色，进行真实的语言交流，需要积极参与到情境中，与他人进行对话和交流，激发学生的学习兴趣，提高他们的学习动力。情境浸入式英语教学模式还注重语言的输入和输出，学生首先接触到一些真实的语言输入，例如听力材料、阅读材料等，需要通过输出的方式来运用所学的语言知识，例如口语表达、写作等。通过输入和输出的结合，学生可以更好地理解和掌握语言。情境浸入式英语教学模式注重学生的学习策略和自主学习能力的培养。在这种教学模式中，学生需要根据情境和任务的要求，选择合适的学习策略来解决问题，主动思考和学习，培养自主学习的能力。

二、情境浸入式英语教学模式的价值

情境浸入式英语教学模式能够提高学习者的语言输入和输出能力，学习者将被置身于真实的语言环境中，通过与母语人士的交流和互动，能够接触到大量的英语输入，包括听力和阅读。学习者也会被鼓励和要求用英语进行口语和写作的输出，从而提高他们的语言表达能力和语言

运用能力。情境浸入式英语教学模式能够提高学习者的语言学习动机和兴趣，学习者将在真实的情境中使用英语，他们会感受到语言的实用性和功能性，从而增强他们的学习动机和兴趣。与传统的教学方法相比，情境浸入式教学更加贴近学习者的实际需求和兴趣，能够激发学习者的学习热情，提高他们的学习效果[①]。情境浸入式英语教学模式能够培养学习者的跨文化交际能力，学习者将与母语人士进行真实的交流和互动，将不仅仅学习语言知识，还会了解和体验不同文化背景下的交际方式和习惯，使学习者更加开放和包容，能够更好地适应跨文化交际的需求。情境浸入式英语教学模式能够提高学习者的综合语言能力，学习者将在真实的情境中进行听、说、读、写的综合性语言训练，能够全面提高他们的语言能力。与传统的教学方法相比，情境浸入式教学更加注重语言的实际运用和交际能力的培养，能够帮助学习者更好地应对实际生活和工作中的语言需求。

三、情境浸入式英语教学模式的特点

（一）以情境为基础

情境浸入式英语教学模式的核心理念是“学以致用”，通过将学生置于真实的语言使用情境中，让他们在实际交流中学习和应用英语，不仅注重语言知识的学习，更重要的是培养学生的语言运用能力和交际能力。在情境浸入式英语教学模式中，教师扮演着引导者和组织者的角色，创造各种真实的情境，如购物、旅行、工作等，让学生在这些情境中运用英语进行交流。教师还需要提供相关的语言材料和指导，帮助学生理解和掌握语言知识。学生在情境浸入式英语教学模式中扮演着积极的角色，参与到情境中，与教师和其他学生进行真实的交流。通过与他人的互动，学生可以提高自己的听说读写能力，并且在实践中逐渐掌握英语。情境浸入式英语教学模式让学生在实际交流中学习和应用英语，激发学生的学习兴趣，增强他们的学习动力。情境浸入式教学还可以培养学生的交际能力和跨文化意识，使他们在语言学习中获得更全面的发

①丁瑾．英语阅读交互教学模式分析[J]．校园英语，2021(42)：12-13.

展。创造真实的情境需要教师具备丰富的教学经验和语言知识。教师需要有一定的组织能力和管理能力，以确保学生在情境中能够有效地学习和交流。情境浸入式教学还需要一定的时间和资源投入，因此在实施时需要有充足的准备和支持。

（二）语言输入为主

情境浸入式英语教学通过创造真实的语言环境，让学生在实际情境中接触和使用英语，从而提高他们的语言能力，注重学生的参与和互动，使他们能够更好地理解和运用英语。教师会创造各种真实的情境，如购物、旅行、餐厅等，让学生在这些情境中使用英语进行交流。通过这种方式，学生可以更好地理解和运用英语，同时也能够培养他们的语言交际能力和自信心。教师提供一些基础的语言输入，并引导学生进行对话和互动。教师会使用丰富多样的教学资源，如图片、视频、音频等，来帮助学生更好地理解和掌握英语。教师鼓励学生积极参与课堂活动，例如角色扮演、小组讨论等，以提高学生的语言运用能力和表达能力。

（三）全面发展

情境浸入式英语教学模式的核心理念是“语言是一种社会实践”，语言不是孤立存在的，而是与社会、文化、历史等因素相互关联的。情境浸入式英语教学模式强调将英语教学与学生的生活经验相结合，创造出真实的语言环境，使学生在自然的语言环境中学习英语。情境浸入式英语教学模式不仅注重学生的语言技能，还注重学生的思维能力、创造力、合作能力等方面的发展。在情境浸入式英语教学模式中，学生需要在真实的语言环境中进行交流，这要求学生具备一定的思维能力和创造力，能够在不同的情境中灵活运用语言。情境浸入式英语教学模式也注重学生的合作能力，学生需要在小组中进行合作，共同完成任务，这可以培养学生的合作精神和团队意识。

（四）学习方式多样化

情境浸入式英语教学模式允许学生以不同的方式学习和表达自己的想法。有些学生可能更喜欢通过听力和口语来学习，有些学生可能更喜欢通过阅读和写作来学习。情境浸入式英语教学模式可以根据学生的个体差异和学习风格，提供不同的学习机会和活动，以满足他们的学习需求。在情境浸入式英语教学模式中，教师的角色也发生了变化。教师不再是传统的知识传授者，而是学生的指导者和促进者。教师的任务是创造一个真实的语言环境，激发学生的学习兴趣，并提供必要的支持和反馈。通过与学生的互动和合作，教师可以帮助他们建立自信，提高他们的语言能力。

第四节　分层递进式英语教学模式

一、分层递进式英语教学模式的概念

分层递进式英语教学模式旨在根据学生的英语水平和能力，将学习内容分为不同的层次，并逐步递进地教授，确保学生在学习过程中能够逐步掌握英语的各个方面，从而提高他们的语言能力。教师根据学生的不同水平和能力，将学生分为不同的层次，每个层次的学生都会接受到适合他们水平的教学内容和方法，更好地满足学生的学习需求，帮助他们更有效地学习英语。在分层递进式英语教学模式中，教师会根据学生的英语水平和能力，将学习内容分为不同的层次。这些层次可以分为初级、中级和高级。每个层次的学生都会学习适合他们水平的语法、词汇、听力、口语和阅读等方面的内容。教师会根据学生的进展情况，逐步提高教学难度，确保学生能够逐步掌握更高级的英语知识和技能。分层递进式英语教学模式还注重培养学生的学习策略和自主学习能力。教师会引导学生学会制定学习目标、制订学习计划，并提供适当的学习资源和指导。学生在学习过程中也会逐渐培养起自主学习的能力，能够独立思考、解决问题和扩展学习。教师会定期对学生进行评估，以了解他们的学习进展和掌握程度。根据评估结果，教师可以及时调整教学内容和方法，以满足学生的学习需求。教师还会给予学生及时的反馈和指导，帮助他们改进学习方法和提高学习效果。

二、分层递进式英语教学模式的理论依据

(一)认知发展理论

认知发展理论是关于人类认知能力和思维发展的理论框架,涉及到人类思维、学习和知识获取的过程,以及这些过程如何随着年龄和经验的增长而发展。瑞士著名儿童心理学家皮亚杰是认知发展理论的奠基人之一,他提出了认知发展的四个阶段:感知运动阶段、前运算阶段、具体运算阶段和形式运算阶段,儿童在不同的阶段会经历认知结构的转变,从而逐渐发展出更高级的思维能力。苏联心理学家列维·维果茨基提出了社会文化理论,强调社会和文化环境对个体认知发展的重要影响,人类认知是通过与他人的互动和社会文化工具的使用而发展的,强调了教育和社会交往对认知发展的促进作用①。信息处理理论关注人类思维和知觉是如何处理和组织信息的,人类思维是一个信息处理系统,通过感知、注意、记忆和解决问题等过程来处理信息,强调注意力、工作记忆和执行控制等认知过程的重要性。美国当代心理学家阿尔伯特·班杜拉提出了社会认知理论,强调了观察学习和模仿对认知发展的影响,人们通过观察他人的行为和结果来学习新的行为,并通过自我调节和自我效能信念来改变自己的行为。这些认知发展理论为我们理解人类认知发展提供了重要的框架和观点,强调了个体与环境的互动、社会文化因素的影响以及信息处理的过程。通过研究和应用这些理论更好地促进儿童和成人的认知发展,提高他们的学习和思维能力。

(二)语言习得理论

语言习得理论是研究人类语言习得过程的学科,探讨了人们如何在日常交流中学习和使用语言。行为主义理论认为语言习得是通过刺激和反应的方式进行的。根据这一理论,学习者通过模仿和重复来掌握语言。在中文学习中,学生可以通过听、说、读、写的练习来加强对语言的掌握。通过模仿老师的发音和语调,学生可以提高自己的口语表达能力。认知理论认为语言习得是一个主动的、有意识的过程。学习者通过思考、推理和归纳来理解和运用语言规则。学生可以通过阅读和写作来

---

①韩芳婷,张晓容,凌淑珍. 多维互动教学模式在高校英语教学中的实践与应用[J]. 大学,2021(39):146-148.

提高自己的语言能力。阅读中文文章可以帮助学生扩大词汇量，理解语法结构和提高阅读理解能力。写作则可以帮助学生巩固所学的语言知识，并提高表达能力。社会交互理论认为语言习得是通过与他人的互动和交流来实现的，学生通过与中文母语者的对话来提高自己的语言水平。与母语者的交流可以帮助学生熟悉地道的表达方式，了解文化背景，并提高听力和口语能力。自然习得理论认为语言习得是一种自然而然的过程，类似于儿童学习母语的方式。

三、分层递进式英语教学模式的价值

每个学生的英语水平和学习目标都有所不同，有些学生可能已经具备了一定的英语基础，需要更高级的教学内容来提高他们的英语能力。对于一些初学者来说，他们需要从基础开始学习英语。分层递进式教学模式可以根据学生的水平和需求，将学生分为不同的层次，为每个学生提供适合他们的教学内容和学习资源，从而满足不同学生的学习需求。学习英语是一个长期的过程，学生可能会遇到困难和挫折。如果学生一直学习相同的教学内容，可能会感到乏味和失去学习的兴趣。分层递进式教学模式可以根据学生的学习进度和能力，逐步提供更具挑战性的教学内容，激发学生的学习兴趣和动力。学生可以逐步提高自己的英语能力，获得成就感，从而更加积极主动地参与学习。通过将教学内容分为不同的层次，教师可以更好地根据学生的学习能力和水平进行教学。对于那些已经具备一定英语基础的学生，他们可以跳过一些基础知识，直接学习更高级的内容。对于初学者来说，他们可以从简单的内容开始学习，逐步深入，更好地满足学生的学习需求，提高学生的学习效果。学生可以根据自己的学习进度和能力选择适合自己的教学内容，根据自己的学习目标和兴趣，自主选择学习的方向和内容，培养学生的学习能力和自主思考能力，使他们成为更加独立和自信的学习者。

四、分层递进式英语教学模式的特点

（一）分层递进

分层递进式英语教学模式将学生分为不同的层次，根据学生的英语水平和学习能力，采用不同的教学方法和教材，使教师更好地把握学生的学习情况，针对不同的学生制订不同的教学计划，使每个学生都能够得到适合自己的教学。分层递进式英语教学模式采用渐进式的教学方法，逐步提高学生的英语水平。教师会根据学生的学习情况，逐步提高教学难度，让学生在逐步提高的过程中不断巩固和提高自己的英语水平。教师根据学生的学习情况，逐步提高教学难度，让学生在逐步提高的过程中不断巩固和提高自己的英语水平，更好地强化学生的学习效果，使学生更好地掌握英语知识和技能。

（二）个性化教学

在分层递进式英语教学模式中，教师对学生进行评估，了解他们的英语水平和学习需求。根据评估结果，将学生分为不同的层次，例如初级、中级和高级。每个层次都有相应的教学目标和教学内容。教师会根据学生的层次和需求，为他们提供适合的教材和教学资源。对于初级学生，教师会使用简单的课程材料和教学方法，帮助他们掌握基本的英语词汇和语法知识。对于中级学生，教师会引入更复杂的教材和教学活动，帮助他们提高听说读写的能力。对于高级学生，教师会提供更深入的学术内容和挑战性的任务，以提高他们的英语水平。教师与学生进行一对一的交流，了解他们的学习进展和困难，并提供个性化的辅导和指导。教师还会定期评估学生的学习成果，为他们提供及时的反馈和建议。

第五节 多维互动式英语教学模式

一、多维互动式英语教学模式的概念

多维互动式英语教学模式的核心理念是“学生为中心”，教师应该以学生的需求和兴趣为出发点，通过多种教学手段和方式，让学生在轻松愉悦的氛围中学习英语，强调学生的主动性和参与性，通过多种互动方

式，如游戏、角色扮演、小组讨论等，激发学生的学习兴趣和积极性，提高学生的英语语言能力和交际能力。多维互动式英语教学模式的教学手段多种多样，其中最常见的包括游戏、角色扮演、小组讨论、听力训练、口语训练等，让学生在轻松愉悦的氛围中学习英语，提高学生的英语语言能力和交际能力。例如：通过游戏的方式，可以让学生在愉悦的氛围中学习英语单词、语法等知识；通过角色扮演的方式让学生在模拟真实情境中练习英语口语表达能力；通过小组讨论让学生在互动交流中提高英语交际能力等。多维互动式英语教学模式的实施需要教师具备一定的教学技能和教学经验。教师需要根据学生的需求和兴趣，设计合适的教学活动和任务，引导学生积极参与，及时给予学生反馈和指导。教师需要具备一定的语言能力和文化素养，能够为学生提供准确、规范的英语语言输入，为学生介绍英语国家的文化和风俗习惯。多维互动式英语教学模式提高学生的学习兴趣和积极性，激发学生的学习动力，促进学生的自主学习和探究精神；提高学生的英语语言能力和交际能力，培养学生的语言思维能力和跨文化交际能力，促进学生的全面发展，培养学生的创新精神和团队合作精神，提高学生的综合素质和竞争力。

二、多维互动式英语教学模式的价值

多维互动式英语教学模式能够激发学生的学习兴趣和积极性。传统的教学模式往往以教师为中心，学生被动接受知识。多维互动式英语教学模式注重学生的主动参与和互动，让学生成为学习的主体。学生可以通过小组合作、角色扮演等方式，积极参与课堂活动，增强学习的乐趣和动力。多媒体教学等新技术的应用，也能够吸引学生的注意力，提高他们的学习兴趣。传统的教学模式注重对语法和词汇的教授，忽视了语言运用的能力。多维互动式英语教学模式注重学生的语言运用能力的培养[①]。通过课堂讨论、角色扮演等活动，学生可以运用所学的知识进行实际的交流和表达，提高他们的口语和写作能力。多媒体教学等新技术的应用，也能够提供更多的语言输入和输出机会，帮助学生提高听说读写

①王婷婷．交际英语教学模式在高校英语教学中运用的挑战与应对[J]．湖北开放职业学院学报，2021，34(19)：170-171.

的能力。多维互动式英语教学模式能够培养学生的综合素质,注重学生的综合素质的培养。通过小组合作、角色扮演等活动,学生可以培养团队合作能力、沟通能力和创新能力。随着全球化的发展,跨文化交流和理解的重要性日益凸显。多维互动式英语教学模式注重学生的互动和交流,通过小组合作、角色扮演等活动,学生可以与其他学生进行交流和合作,了解不同文化背景下的思维方式和价值观念,增强跨文化交流和理解的能力。

三、多维互动式英语教学模式的理论依据

(一)构建主体性学习理论

构建主体性学习理论可以激发学生的学习动机。主体性学习理论强调学习者的主动性和积极性,认为学习者是学习的主体,具有自主选择学习目标和方式的能力。在多维互动式英语教学模式中,教师可以通过设置学习任务和提供学习资源,激发学生的学习兴趣和主动性。教师可以设计一些有趣的学习任务,让学生在实践中运用英语,提高他们的学习动机。主体性学习理论认为学习者通过参与实际的学习活动,将知识转化为自己的经验和能力。在多维互动式英语教学模式中,学生可以通过与教师和同学的互动,参与各种语言实践活动,提高他们的语言运用能力。学生可以与教师和同学进行对话练习,通过实际交流提高口语表达能力。主体性学习理论认为学习者应该成为自己学习的主人,具有自主选择学习目标、制订学习计划和评价学习效果的能力。在多维互动式英语教学模式中,学生通过自主选择学习资源、制订学习计划和评价学习效果,提高他们的自主学习能力。学生自主选择适合自己的学习材料,制订学习计划,并通过反思和评价来提高学习效果。

(二)多元智能理论

多元智能理论认为人类具有多种智能,每个人在不同智能领域都有不同的天赋和潜力,通过多种智能的开发和应用,提供适合不同学生的学习方式和评价方法,以满足他们的个性化需求。通过创造性和多样化的学习环境,激发学生的学习兴趣和动力。该模式强调学生在学习过程

中的主动参与和合作交流，通过不同的活动和任务，培养学生的语言技能、沟通能力和批判思维能力。教师扮演着引导者和组织者的角色，根据学生的不同智能特点和学习需求，设计并组织多样化的学习活动。对于语言智能较强的学生设计口语表达活动和辩论赛，提高他们的口语能力和逻辑思维能力；对于音乐智能较强的学生，通过歌曲和音乐节奏来提高他们的听力和语感。通过情感体验和情感交流，培养学生的情感意识和情绪管理能力。通过角色扮演和情景模拟活动，让学生在真实的情境中运用英语，提高他们的情感表达能力和社交技能。多维互动式英语教学模式强调评价的多样性和个性化，根据学生的不同智能特点和学习目标，采用多种评价方式进行综合评价。通过学生作品展示、口语演讲和小组合作评价，全面了解学生的语言能力、合作能力和创造能力。

（三）情感教育理论

在多维互动式英语教学中，教师可以通过创设情境、引发情感共鸣等方式，激发学生学习英语的兴趣和热情。在教学中引入有趣的故事、音乐、游戏等元素，让学生在轻松愉快的氛围中学习英语，从而培养学生对英语学习的积极态度。通过情感交流、情感表达等方式，帮助学生提高情感表达和理解的能力，组织学生进行情感交流活动，让学生分享自己的情感体验，培养学生的情感表达能力。通过教学材料的选择和设计，引导学生理解和表达不同情感，提高学生的情感理解能力。通过情感管理技巧的教授和实践，帮助学生学会管理自己的情感，提高情感应对能力。在教学中教授学生情感管理的方法和技巧，让学生学会正确处理情感问题，避免情感冲突和困扰。通过情感管理的案例分析和角色扮演等活动，让学生在实践中提高情感管理能力。通过情感智慧的培养，帮助学生更好地理解和运用英语。在教学中注重培养学生的情感思维能力，让学生学会从情感的角度思考和分析问题，提高学生的情感智慧。通过情感智慧的培养，帮助学生更好地理解和运用英语中的情感表达和情感词汇，提高学生的语言表达能力。

（四）交际教学理论

交际教学理论以交际为中心，强调语言学习的目的是为了交际，语言是交际的工具。交际教学理论认为，语言学习应该是一种实际的交际活动，学生应该在真实的语境中运用语言，培养交际能力和语言运用能力。交际教学理论的核心是“交际”，即在真实的语境中进行语言交流，使学生能够学会用语言交际。交际教学理论认为学生是学习的主体，教师应该以学生为中心，重视学生的思维方式和学习兴趣，注重启发学生的思维，培养学生的交际能力和语言运用能力。交际教学理论认为，语言学习的目的是为了交际，即语言是交际的工具。学生应该在真实的语境中运用语言，培养交际能力和语言运用能力。学生应该在真实的语境中运用语言，以便更好地掌握语言知识和语言技能。教师应该为学生创造真实的语境，让学生在真实的语境中运用语言。任务是学生在真实语境中运用语言的基本单位，教师应该根据学生的需求和兴趣设计任务，让学生在任务中运用语言，培养交际能力和语言运用能力。

第六节 多元立体式英语教学模式

一、多元立体式英语教学模式的概念与价值

（一）多元立体式英语教学模式的概念

多元立体式英语教学模式是一种综合运用多种教学方法和教学资源的教学模式，旨在提高学生的英语综合能力，强调学生的主体地位，注重培养学生的自主学习能力和创新思维，通过多种途径和多种形式的教学活动，激发学生的学习兴趣，提高学习效果。多元立体式英语教学模式强调采用多种教学方法，如情景教学、任务型教学、合作学习等。通过情景教学，可以让学生在真实的语境中学习英语，提高语言运用能力。通过任务型教学让学生在完成任务的过程中学习英语，培养学生的综合能力。通过合作学习，让学生在小组中相互合作，共同解决问题，提高学习效果。多元立体式英语教学模式注重运用多种教学资源，如教材、多媒体教学、网络资源等。教材是教学的基础，通过选用适合学生的教材，提

供丰富的学习内容。多媒体教学通过图像、声音、视频等多种形式，激发学生的学习兴趣，提高学习效果；网络资源可以提供丰富的学习资料和交流平台，拓宽学生的学习渠道。多元立体式英语教学模式注重设计多样化的教学活动，如角色扮演、小组讨论、实地考察等。通过角色扮演让学生在模拟的情境中运用英语，提高语言表达能力。通过小组讨论让学生在小组中相互交流，共同解决问题，培养学生的合作能力。通过实地考察让学生亲身体验英语的应用，提高学习的实际效果。多元立体式英语教学模式注重采用多维度的评价方式，如口头表达、书面表达、实际应用等。通过口头表达评价学生的口语表达能力。通过书面表达评价学生的写作能力。通过实际应用，可以评价学生的语言运用能力。通过多维度的评价方式全面了解学生的英语水平，为教学提供参考。

（二）多元立体式英语教学模式的价值

多元立体式英语教学模式能够激发学生的学习兴趣和动力。传统的教学模式往往以教师为中心，学生被动接受知识。多元立体式教学模式通过引入多种教学资源和活动形式，使学习变得更加有趣和有意义。学生可以通过参与角色扮演、小组合作、实地考察等活动，积极参与到学习过程中，提高学习的积极性和主动性。多元立体式英语教学模式能够促进学生的语言能力发展，注重培养学生的听、说、读、写能力，并通过多样化的教学活动来提高学生的语言运用能力。学生通过参观英语演讲比赛、参与英语角活动等来提高口语表达能力；通过阅读英文报纸、听取英语广播等来提高阅读和听力能力。多元立体式教学模式使学生在真实的语境中学习和运用英语，提高了语言学习的效果。多元立体式英语教学模式能够培养学生的思维能力和创新能力。传统的教学模式往往注重知识的灌输和记忆，忽视了学生的思维能力的培养。多元立体式教学模式通过引导学生进行探究式学习、问题解决和创新思维等活动，培养学生的批判性思维、创造性思维和合作精神，注重培养学生的综合能力，使学生能够独立思考和解决问题。随着全球化的发展，跨文化交际能力成为现代社会中不可或缺的能力。多元立体式教学模式通过引入真实的跨文化交际情境和教学资源，培养学生的跨文化意识和交际能力。学生通过与外国学生交流、参与国际项目等活动，了解不同文化背景下的交际方式和习惯，提高自己的跨文化交际能力。

二、多元立体式英语教学模式的理论依据

（一）基于认知学习理论

多元立体式英语教学模式注重学生的主动参与和合作学习。教师不再是传统的知识传授者，而是学生学习的引导者和组织者。教师通过设计各种任务和活动，激发学生的学习兴趣和动机，鼓励他们积极参与到学习中去。学生在小组合作中互相交流和分享，共同解决问题，提高语言表达和沟通能力[①]。多元立体式英语教学模式强调学生的自主学习和自主思考。学生在教师的指导下，通过自主选择学习内容和学习方式，培养自主学习的能力。教师提供多样化的学习资源和工具，如多媒体教材、网络资源等，让学生能够根据自己的兴趣和需求进行学习，提高他们的学习效果和学习动力。多元立体式英语教学模式注重语言技能的综合发展。传统的英语教学往往偏重于语法和词汇的教学，忽视了语言技能的综合发展。而多元立体式英语教学模式通过各种真实情境和任务，培养学生的听、说、读、写等语言技能。学生通过参与角色扮演、讨论、辩论等活动，提高他们的语言运用能力和交际能力。多元立体式英语教学模式注重跨文化交际和意识的培养。在全球化的背景下，学生需要具备跨文化交际的能力。多元立体式英语教学模式通过引入不同文化背景的材料和活动，培养学生的跨文化意识和理解能力。学生通过与来自不同文化背景的学生交流和合作，增进对其他文化的了解和尊重。

（二）基于情感认知理论

多元立体式英语教学模式旨在提供多样化的学习体验，促进学生的情感认知发展，注重培养学生的情感态度和认知能力，使他们能够更好地理解和运用英语。情感认知理论认为情感和认知是相互关联的，情感对学习过程和结果有着重要影响。多元立体式英语教学模式通过创造积极的情感氛围和丰富的学习体验，激发学生的学习兴趣和动机，提高

①郭忠壮．高校英语专业英美文学教学模式创新探索：评《高校英语专业英美文学教学改革策略研究》[J]．科技管理研究，2022，42(15)：264．

他们的学习效果。多元立体式英语教学模式提供多样化的教学资源，包括教材、多媒体教具、互动游戏等，激发学生的兴趣，增加他们的参与度，提高学习效果。教师通过创造情感体验式学习环境，使学生能够在实际情境中运用英语，增强他们的语言运用能力。教师可以组织角色扮演活动，让学生在模拟的情境中进行对话练习。多元立体式英语教学模式鼓励学生之间的合作学习，通过小组合作、伙伴互助等方式，促进学生之间的互动和交流，提高学生的语言表达能力和沟通能力。教师在评价学生的学习成果时，注重学生的情感发展和认知能力。除了对语言技能的评价，还会考虑学生的学习态度、合作能力等方面的表现。多元立体式英语教学模式将情感教育融入到教学过程中，培养学生的情感态度和情感管理能力。教师会引导学生积极面对挑战，培养他们的自信心和坚持不懈的精神。

（三）基于多元智能理论

多元智能理论认为人类的智能不仅仅是通过智商来衡量的，而是由多个智能组成的，包括语言智能、逻辑数学智能、空间智能、音乐智能、运动智能、人际智能、自我认知智能和自然观察智能。多元立体式英语教学模式就是基于这一理论，通过多种智能的开发和培养，提高学生的英语学习效果。多元立体式英语教学模式通过多种教学方法和活动来激发学生的学习兴趣和动力，注重培养学生的创造力、批判性思维和合作精神，使学生能够在不同的情境中运用英语进行交流和表达。在多元立体式英语教学模式中，教师需要根据学生的不同智能特点和学习风格，设计多样化的教学活动。语言智能较强的学生通过阅读、写作和演讲等活动来提高他们的英语表达能力。空间智能较强的学生通过图片、地图和模型等视觉辅助工具来帮助他们理解和记忆英语知识。音乐智能较强的学生，可以通过歌曲和音乐节奏来提高他们的英语听力和发音能力。多元立体式英语教学模式注重培养学生的合作精神和人际智能。教师组织学生进行小组讨论、角色扮演和合作项目等活动，让学生在合作中学习和交流，培养他们的团队合作能力和社交技巧。多元立体式英语教学模式还强调学生的自主学习和自我评价能力的培养。教师引导学生制定学习计划和目标，让他们在学习过程中主动思考和反思，提高他们的学习效果和自我管理能力。

三、多元立体式英语教学模式的特点

（一）多元化的教学资源

1. 文本资源

教师可以选择一些与学生生活相关的新闻报道，让学生阅读或听取，并进行相关的讨论和分析。通过这种方式，学生了解到不同的观点和文化，提高他们的语言表达能力。选择一些适合学生阅读的文学作品，如短篇小说、诗歌等，并引导学生进行深入的阅读和分析。学生通过阅读文学作品来提高他们的词汇量、理解能力和写作技巧。选择一些有趣的广告和商业文本，让学生进行口语表达或写作练习。学生通过分析广告和商业文本来提高他们的语言表达能力和创造力。选择一些与科学相关的文章，让学生进行阅读和分析，通过阅读科学文章来提高他们的科学知识和科学写作能力。选择一些与历史相关的文本，让学生进行阅读和分析。学生通过阅读历史文本来了解不同的历史事件和文化，提高他们的历史知识和写作能力。选择一些与社会问题相关的文本，让学生进行阅读和分析，学生通过阅读社会问题文本来了解不同的社会问题和观点，提高他们的社会意识和写作能力。

2. 多媒体资源

教师利用多媒体资源展示生动的图片、视频和音频，使学生更好地理解和记忆课堂内容。在教授单词和句子时，教师可以通过多媒体资源展示相关的图片和视频，让学生直观地了解词汇和语法的用法。教师还可以利用多媒体资源进行互动教学，通过游戏、问答等形式激发学生的学习兴趣和参与度。学生利用多媒体资源进行听力、阅读和口语练习等。学生可以通过多媒体资源进行听力训练，提高听力理解能力。学生通过多媒体资源进行阅读练习，拓展词汇量和阅读理解能力。学生通过多媒体资源进行口语练习，模仿和模拟真实的英语口语情境，提高口语表达能力。教师可以利用多媒体资源进行听力、阅读和写作等方面的评估。在听力评估中教师通过播放音频，让学生进行听力理解和回答问题。在阅读评估中教师通过展示文章和相关问题，让学生进行阅读理解和写作。通过多媒体资源的评估教师更全面地了解学生的学习情况，及时进行教学调整和反馈。在多元立体式英语教学模式中，常用的多媒体资源包括电子课件、教学视频、教学软件、在线学习平台等，通过计算机、投影仪、智能手机等设备进行展示和使用。教师还可以利用互联网资源，如在线词典、语音识别工具等，丰富教学内容和方式。

3.网络资源

在多元立体式英语教学模式中，网络资源的使用可以为学生提供更加丰富、灵活和个性化的学习体验。在线课程平台提供了大量的英语学习课程，学生根据自己的需求选择合适的课程进行学习。这些课程通常包括视频讲座、练习题和在线讨论等，帮助学生提高听说读写的能力。有许多英语学习网站和应用程序，提供了各种各样的学习资源，如词汇、语法、听力和口语练习等。学生可以通过这些网站和应用程序进行自主学习，随时随地提升英语能力。在线英语学习社区如英语论坛、英语学习网站和社交媒体等，学生在这些平台上与其他学习者交流和分享学习经验。通过参与讨论和互动，学生提高口语表达能力，扩展词汇量，并了解不同文化背景下的英语使用方式。在线语言交流平台提供了与母语为英语的人士进行语言交流的机会，学生通过与母语人士的交流来提高口语能力，并了解地道的英语表达方式和文化背景。网络资源在多元立体式英语教学模式中的应用为学生提供更加灵活和个性化的学习机会。通过利用这些资源，学生在课堂内外进行自主学习，提高听说读写的能力，并丰富自己的英语学习经验。教师在使用网络资源时也需要注意资源的质量和适用性，确保资源的有效性和教学目标的实现。

4.游戏和互动资源

通过游戏和互动，学生可以在轻松愉快的氛围中学习英语，提高他们的听说读写能力。单词游戏是教学中常用的一种游戏形式，教师准备一些卡片，上面写着不同的单词，学生分成小组，轮流翻开卡片并念出单词。设置一些规则，比如念错单词的学生需要重新开始，或者念对单词的学生可以得到奖励。句子构建游戏帮助学生练习句子的构建和语法的运用。教师可以准备一些卡片，上面写着不同的单词或短语，学生分成小组，轮流选择卡片并组成完整的句子，设置一些规则，比如只能选择特定类型的卡片，或者只能使用特定的语法结构。角色扮演游戏可以帮助学生提高口语表达能力和情景交际能力，设计一些情景，比如在餐厅点餐、在商店购物等，然后让学生扮演不同的角色进行对话。提供一些对话模板，帮助学生更好地进行对话。现在有很多互动电子资源可以用于英语教学，如教师使用电子白板或投影仪来展示英语动画片或视频，让学生通过观看和听力练习来学习英语。还有一些在线学习平台和应用程序，可以提供丰富的英语学习资源，比如单词卡片、语法练习等。设计一些团队竞赛游戏，比如拼图比赛、单词接龙等。学生分成小组，通过合作来完成任务。

5.外籍教师和文化交流资源

外籍教师能够为学生提供真实的语言环境和文化背景。学生往往只能通过教科书和录音来学习英语，缺乏真实的语言环境。外籍教师的到来，使学生能够亲身感受到英语的生活化和实用性。外籍教师用地道的口音和流利的语速与学生交流，让学生更好地适应英语的真实环境。外籍教师向学生介绍英语国家的文化背景，帮助学生更好地理解和运用英语。多元立体式英语教学模式强调学生的主动参与和互动，外籍教师为学生提供了与母语为英语的人士交流的机会。学生通过与外籍教师的互动，提高自己的口语表达能力和听力理解能力。学生向外籍教师了解他们的国家和文化，增加对不同文化的理解和尊重。外籍教师与学生分享自己的文化和经验，让学生更加全面地了解英语国家的文化和生活方式。通过与外籍教师的交流，学生能够培养跨文化交流的能力，提高自己的国际视野。外籍教师通常具有丰富的教学经验和专业知识，能够为学生提供更多的学习资源和指导。外籍教师根据学生的需求和水平，设计并提供适合的教学材料和活动，帮助学生提高英语技能。外籍教师为学生提供更多的学习机会，比如组织英语角、参观英语国家的文化景点等，激发学生的学习兴趣，提高学生的学习动力。

（二）立体化的教学环境

教室的布置应该是多元化的，根据不同的教学内容和教学目标来进行调整。在进行听力训练时将教室布置成一个仿真的场景,让学生感受到真实的语言环境。在进行口语训练时,将教室布置成一个小组讨论的场所,让学生有机会进行实际的口语交流。教室的墙壁上贴上一些与学习英语相关的图片、海报等,以激发学生的学习兴趣和积极性。教室应该配备一些先进的教学设备,如多媒体投影仪、电脑、音响等,用于展示教学材料、播放录音、放映视频等,以丰富教学内容和提高教学效果。教室配备一些学习工具,如词典、语法书、练习册等,供学生使用,使教学更加生动、直观,激发学生的学习兴趣和积极性。教师应该具备多元化的教学方法和技巧,以适应不同学生的学习需求和学习方式。教师采用多种教学方法,如讲授法、讨论法、合作学习法等,以激发学生的学习兴趣和积极性。教师还可以充当学生的导师和指导者,引导学生主动参与学习,培养学生的自主学习能力和合作精神。教师利用教学设备和教学资源,创造一些情境和活动,以提高学生的学习效果和学习成果。学生应该成为学习的主体,积极参与教学活动,发挥自己的主动性和创造性。学生通过合作学习、小组讨论等方式,与他人进行交流和合作,共同解决问题和完成任务。学生利用教学设备和教学资源,进行自主学习和自主探究,提高自己的学习能力和学习成果。学生通过参加一些英语角、英语俱乐部等活动,提高自己的英语口语和交际能力。

(三)反馈和评估的多样性

反馈和评估可以通过不同形式的考试来实现多样性。传统的笔试和口试是常见的考试形式,可以评估学生的语法、词汇和口语表达能力。采用项目作业、小组讨论、演讲比赛等形式,评估学生的综合能力和团队合作能力。通过不同形式的考试更全面地了解学生的学习情况,发现他们的优势和不足之处。在多元立体式英语教学模式中,教师可以根据学生的不同特点和学习目标,制定不同的评价标准。对于口语能力较强的学生,更注重他们的口语表达能力。对于写作能力较强的学生,可以更注重他们的写作能力。通过不同的评价标准更准确地评估学生的学习情况,帮助他们发现自己的优势和不足之处。除了传统的口头反馈和书面反馈外,还可以采用其他形式的反馈,如录音、视频、图片等。学生可以录制自己的口语表达,教师通过听录音来评估学生的口语能力。学生拍摄自己的演讲比赛,教师通过观看视频来评估学生的演讲能力。通过不同的评价方式更直观地了解学生的学习情况,帮助他们改进自己的学习方法和技巧。在多元立体式英语教学模式中,反馈和评估应该是一个持续的过程,而不仅仅是在考试前或考试后进行。教师在课堂上及时给予学生反馈,帮助他们纠正错误和改进学习方法。教师还可以定期进行评估,了解学生的学习进展,及时调整教学策略。通过不同的时间点进行反馈和评估更全面地了解学生的学习情况,帮助他们更好地掌握英语知识和技能。

第三章 高校英语教学模式现状

英语作为当今国际通用语言之一,普及率逐年递增。中国为增强自身在国际市场的角逐力,逐渐重视英语教学,尤其是对高层次人才的英语教育。当今,在各高校,英语教学改革逐渐展开,开创多种多样的教学模式。但是,这些教学模式在实施程序以及宏观支持系统中,因错综复杂的原因,存在着种种问题。本章旨在从高校英语教学模式的实施程序及宏观支持系统等两个方面,分析其存在的问题,并针对各种问题分析其成因,以促进高校英语教学模式工作的不断创新和完善。

第一节 教学模式实施程序中出现的问题

教育是一种有目的地培养人的社会活动,是人类所特有的一种有意识的活动,带有强烈的目的性。在整体教育活动中,包括三种基本要素:教育者、受教育者、教育影响。教学模式是教育活动中的主要载体之一,教育者通过开设有效的教育模式,产生不同的教育影响。因此,在教育模式的具体实施程序中,离不开设置教育模式的具体内容,如教学目标、教学内容、教学方法、教学评价等。在探讨高校英语教学模式的过程中,在其具体应用阶段,发现诸多问题。本节旨在从教学模式实施中涉及的诸多方面寻找问题。

一、教学目标存在的问题

在教学模式中,教师首先需要明确教学活动所应获得的期望与成果是什么,即教学目标。整个教学模式实施过程中,教学目标是最主要的风向标，且始终围绕着它而展开教学活动。教学目标的导向作用在教学模式的实施程序中十分重要，规范并导向教师和学生的教与学的活动。此外，教学目标的作用还表现在以下三个方面：教学目标是选择教学方法的依据；教学目标是进行教学评价的依据；教学目标指引学生学习。因此，在教学模式的具体运用程序中，教学目标的地位不可轻易撼动。但是，在当今中国高校英语教学模式内，英语教学目标的设置存在着诸多的问题，成为高校英语教学模式发展的制约性问题之一。

（一）教学目标过时

二战结束后，世界力量对比发生新变化，出现美苏两极对峙的局面。但是，在20世纪六七十年代，西欧、日本的战争创伤中得以缓和，力量不断壮大。直至90年代，社会主义阵营发生翻天覆地的变化，东欧剧变、苏联解体等，大大地削弱了社会主义阵营的力量，世界格局演变为一超多强的局面。美国成为世界第一超级大国，但同时世界也存在西欧、日本、俄罗斯等强国。美国的霸权主义受到制约，世界全球化趋势不断加强，国际化的合作不断展开，但另一方面，国际化的竞争也日益激烈。

为了适应国际化的发展需要，美国、西欧等国家高校纷纷开始实行争夺优秀人才的措施，渐渐开设以英语为媒介的国际化学位课程。1999年，德国高校在欧盟发布《博洛尼亚宣言》后，已经开始着手改革，这类课程受到学生的热烈欢迎。据调查，当前德国这类课程在大学课程中比例已占5%以上，其外国留学生的比例在2004年时已经达到了10%以上。德国、美国高校的改革已经走在时代的前列，并取得了卓著的效果。

但是，反观国内的英语教学，在教学目标的设置上，并未做到与世界接轨、同步。目前，在中国的大部分高等院校内，英语课程的教学目标均存在此类问题，并未做到与时俱进，反而步伐缓慢，甚至停滞不前。在中国高校内，英语课程的教学目标依然是中英混合，并未达到全英的英语教学高度。因此，因高校英语教学目标的过时，在高校英语教学模式的具体实施过程中，出现诸多疑难杂症，制约着英语教学模式的发展。

（二）教学目标统一化

教学目标设置的目的之一是指明学生的学习方向。因此，在设置教学目标时，首先考虑的因素是学生。每一个学生都是一个个独立的个体，有自己的特色。学生在各个方面均存在着差异性，在英语学习上亦如是。

首先，学生的英语学习能力不同。在英语的学习上，部分学生的语言天赋突出，学习英语能力强；但不可否认，另一些学生在英语学习上的吃力，即使他们付出百倍的努力，依然难以达到天赋高的学生水平。第二，学生的英语基础不同。经过初高中的努力，在英语上，步入大学殿堂的学生都获得一定的基础。但是，这种英语基础存在严重不平衡的现象。我国高中阶段的英语课程标准是《普通高中英语课程标准（2017年版2020年修订）》，在这一标准的指导下，高中生的英语基础显著提高。但是在教学质量的差异上，使得高校内学生的英语基础存在一定程度上短时间内难以消弭的差距。再次，学生的学习需求不同。高校内的英语教学目标旨在培养学生对英语的通识性知识的掌握。但是，在大学阶段内，学生的选择性更多，对英语学习的需求各不相同。有些学生需要考研，为以后升学打基础，有些学生需要考托福或雅思，为以后出国做准备等。针对高校学生的学习需求，高校英语课程的教学目标并未与之相匹配。最后，高等院校内专业分类逐渐细化，不同专业的学生，对英语学习有不同的要求。因此，要以学生的学习能力、学习基础、学习需求、学习专业等为依据，依照学生的特色而设置相应地教学目标。

但是，目前高校内英语的教学目标是统一的、批量化的、僵硬的，并未充分考虑学生的个人特色。在教学目标的具体设置过程中，并未做到以学生为主体，忽视了学生的个体差异性。因此，在高校英语教学模式中未能充分发挥学生的主观能动性，也并未充分发掘学生的优势及特色。除此外，一致化的教学目标一方面束缚了高水平学生的学习；另一方面耽误基础差的学生，使其英语水平的提高遥遥无期。总体而言，这种统一化的高校英语教学目标，在很大程度上制约着高校英语教学模式的发展。

（三）教学目标不明确

高校英语教学活动在考虑教学目标时，应以2007年教育部颁布的

《大学英语课程教学要求》为依据。据《大学英语课程教学要求》的规定，大学英语的教学目标是:“培养学生的英语综合应用能力，特别是听说能力，使他们在今后学习、工作和社会交往中能用英语有效地进行交流。”但是仔细思量，在《大学英语课程教学要求》中的教学目标并不明确，目标比较含糊、空泛，难以具体把控。

首先，该要求中并未明确学生的英语综合应用能力具体指向哪些能力，只是强调了英语听说能力的重要性。其次，该要求并未明确学生的英语综合应用能力具体达到哪种程度。高校仅仅是依靠每年的期末考试，四、六级考试等对学生学习进行检测。一纸考卷，并不能准确地说明学生的英语综合应用能力，尤其是听说能力。再次，该要求只是概括笼统的说今后的学习、工作、社会交往中对英语的应用，并未明确今后的学习、工作、社会交往是何种性质的，如何使用英语，进行什么样的交流活动。在今后的学习、工作、社会交往中，各种可能皆有。各种学习环境、学习方式、学习要求的的不同，对英语的学习要求各不相同；工作类型多种多样，对英语的学习要求程度不一，社会交往中问题纷杂，领域广阔，对象复杂，这些也要求英语的学习方向不尽相同。最后，该要求并未明确在今后的英语学习中，使用何种手段进行教学，并提高学生的英语综合能力，尤其是听说能力。教学手段的不明确，在一方面给予任课教师很大的发挥空间，对英语教学模式的实施起到促进作用；但是另一方面，因未明确具体的教学手段，某些英语教师在教学模式的具体实施过程中，难以把握，无从下手，从而阻碍英语教学模式的发展。

高校英语教学目标不明确，使得高校学生对英语的学习结果仅限于一些皮毛知识，其英语能力仅仅能够应付一般的日常生活交际，停留在基础水平。在今后的工作中，其英语能力根本无法应对专业性的需求。因教学目标的不明确化，促使部分英语教师在教学模式实施中有空可钻，打擦边球，从而阻碍高校英语教学模式的发展。

(四)教学目标过于简单

据调查显示，目前我国大部分高校内的英语教学目标中在具体实践中，唯一清晰明确的是帮助学生通过国家英语四六级考试，并未做到提高学生的英语综合能力，尤其是听说能力的培养。很多学生在通过英语四、六级考试，就再未学习过英语。部分高校的英语教学目标，实在是过于简单。这种过于简单的教学目标，致使高校内的大学生在英语学习上对自身要求过低，也是教师在教学模式的设置上受限。因此，教学目标的简单化不仅制约着教师教的活动，也制约着学生学的活动。

我国高校内的英语教学目前存在诸多问题：教学目标过时，并未走向国际化，与时俱进；教学目标统一化，并未做到因人而设，具体问题具体分析；教学目标不明确，过于笼统模糊；教学目标过于简单等。这些问题的存在，在英语教学过程中，给予教师和学生诸多疑难问题，如学习要求模糊、简单等，使得英语教学活动在展开时困难重重，从而阻碍高校英语教学模式具体实施过程的顺利开展。

二、教学内容存在的问题

教材是学生学习一门课程的基础，是课程得以实施的重要组成部分，是顺利完成教学内容的必要条件。目前，我国高校英语教材的出版建设取得丰硕成果，教材种类丰富多样。据调查，我国高校英语课程使用率较高的教材有：《大学英语（全新版）》《新视野大学英语》《大学体验英语》《21世纪大学英语》《新时代交互英语》等五种。其中，高校内前两种英语教材的使用最多。虽然现今高等院校内英语教材种类繁多，但是教材的满意率颇低。在高校英语教材的编写上存在众多问题，这些问题成为高校英语教学模式中的问题之一。

（一）教材编写缺乏有效准则

据汉语词典解释：准则是所遵循的标准或原则。准则是人们行为规范标准之一，促使人们的行为规范化，指引前进的道路。在高校英语教学的编写上，同样需要准则进行规范。高校英语教材编写的规范化，对英语教学活动产生重要的积极作用[①]。不仅促进学生英语能力的提升，同时对英语教师的教学活动起到推动作用。但是，当今高校内对英语教材的编写并未有统一规定，缺乏相应有效的准则。

①吕立军．多维互动教学模式在高校英语教学中的实施路径[J]．校园英语，2020(35):30-31.

高校英语教材的编写缺乏准则，缺乏规范，使得各种高校英语教材涌入市场，质量不一。质量低劣的英语教材被高校引入教学活动中后，并不能提高学生的英语能力，同时也限制了高校内英语教师的教学活动，使得高校内多种多样的英语教学模式在具体实施时困难重重。

（二）教材内容不合理

当今我国高校内的英语教材编写，缺乏行之有效的准则，致使各种各种的教材在内容上参差不齐，教材内容存有诸多问题。首先，在教材具体内容分配上，练习、生词的内容过多，忽视其他方面。其次，从教材整体上来看，教材内容主要服务于四、六级英语考试，与学生的实际长远需求相脱离，且难易程度设置不科学等。最后，在教材内容的适应上，缺乏本土文化。这些诸多问题的存在，暴露了当前我国高校英语教学模式中的问题。

1.教学内容练习量、生词量过大

我国大学英语教材内容的编写虽然不断调整、更新，但是在具体内容的分配上，依然留有诸多的疑难问题。当前，我国高校内的大学教材多使用《大学英语（全新版）》和《新视野大学英语》两种。这种教材都分为两类：一是读写教材；一是听说教材。其中，上课内容皆以读写教材为主，听说教材一般视为辅助性教程。

曾有学者，如蔡基刚、唐敏等指出：现今的大学英语教材厚度逐渐增加，练习部分内容逐渐增多，配套教材亦逐渐增加。据学者调查统计，在《大学英语（全新版）》第四册课本中，每课内容均达到了29页之多。在增加的众多内容中，尤以练习内容增加比重最大，且练习内容多为以书写方式完成。高校英语教材中增加的内容多是要求个人以单独书写的方式完成。这种练习内容的增加，促使高校英语学习过分注重对文本材料的学习，限制了高校英语教学模式，使得高校英语教学模式忽视学生在课堂上对英语的语言练习，从而限制学生英语综合能力的提升。

此外，在各种版本的高校英语教材中，生词的数量过多。据调查数据显示，各版本的高校英语教材，其中的生词量及其解释均有数页之多。其中，个别教材的生词量在总体单词中占多达8%，甚至达到10%之多。

曾经有学者研究,教材中的生词量控制在2%是最合适的,一旦一篇文章的生词量超过5%,此篇已不再适合学生阅读学习,应该弃之。英语课文阅读中的少量生词量,可以帮助学生学习,但是,生词量的过多会加大学生的难度以及压力,出现适得其反的现象。并且生词量过多时,需要教师讲解,而每节课的课时是固定不变的,这样就会在单词上耗费过多时间,促使已经设计好的教学模式在教学内容上出现偏离,难以实施。

2.教材内容编写为四、六级考试服务

当前我国高校内的大多数教材,其内容在编写上,均以大学英语四、六级考试的需要为主,甚至在某些教材直接提出此种编写方式。例如,在某版本大学英语教材的前言中,特地指出:在教材中的习题部分,有一定数量的四、六级考试题型。除了部分教材在练习上贴合四、六级考试外,还有部分教材在词汇学习上以四、六级考试词汇为主。在另一版本的英语教材前言中,专门提到此书涵盖了四、六级考试词汇。此版本英语教材指出:教材中的前四册涵盖了全部的四级词汇,在第5、6册教材中涵盖了全部的六级词汇。

此类问题已经得到部分学者的关注,并意识到其危害性。著名的英语教育研究者蔡基刚先生在2006年就曾谈论这种现象,他指出:当今几乎所有的大学英语教材在生词量的处理上,均注重突出四、六级考试的词汇;并且在教材中所设计的练习,均同四、六级考试的题型类似、相同,并常常出现四、六级考试的模拟题,甚至是原题。

这种教材编写方式与大学英语四、六级考试相契合,完全脱离提高学生英语综合能力的初衷,使得教学内容饱受四、六级考试的限制,出现本末倒置的现象。针对此种问题,一些学者纷纷发表自己的见解,反对这种教材编写方式。著名英语教育家王初明指出:目前大学内的四、六级考试已经无法真正的促进高校内大学生的英语学习,此种风气下,难以贯彻正确的英语学习理念。针对考试而学,是学不好外语的。因学生大多为考试而学,促使部分教师为考试而教。长此以往,此种错误的学习观念,严重影响高校英语教学模式。

3.教材内容难易程度不科学

对英语等外语的学习,需要尤其注重学习材料的真实性。真实的外语学习材料,在学生理解外语语境上有莫大的帮助。不然,对外语的学习极容易同母语语境相混合。结合中国的实际情况,容易形成“中式英语”,使得学生在对英语的学习上产生困惑,不利于英语语境的理解。真实的外语语境,能够帮助学生提高英语的综合运用能力。但是,在现实中,对真实外语境的把握十分困难。可以说,真实的外语语境等同于语言材料的真实性,而语言材料的真实性和教材难易程度在英语教材的编写上,构成了一对难以调和的矛盾。

在教材编写的过程中,为了调整难易程度,适合学生水平,对节选的原文材料往往进行再加工处理,一般处理方式有两种:一是删除;一是修改。曾有学者指出,这种经过再加工处理的原文材料,因不同程度的删减、修改等,已经不再是真实的语言材料,失去了真实的英语语境。这种情况对学生的学习产生了极大的负面的消极性影响,同时也破坏了原文的写作风格,破坏内容的完整性,甚至与原文意旨截然相反,出现中英语境混淆的现象。

针对目前正在使用的大学英语教材进行调查,发现多种教材均存在此种问题,难以做到语言材料真实与难易程度适当的相结合。大部分教材对课文难易程度的理解是篇幅长短。借鉴邓昭春的研究成果可以证实此点,邓昭春教授对《大学英语》《新编大学英语》《21世纪大学英语》等三种教材进行详细透彻的研究,发现这三种教材在难易程度的编写上均有此类问题。其中细致的以《21世纪大学英语》为例,并指出其问题所在。此版本的英语教材,单元之间难易程度波动比较大。除此之外,每册教材的难度递进程度不明显,4本教材在整体上难度可谓相当。

对英语原文材料的再加工,致使材料失去了原有英语语境的真实性,使得教师在教学模式的具体实施中受到限制;而由此误入课文的难易程度等同于其篇幅长短的误区,使得教材难易程度区分不大,致使教师在具体的教学模式实施中,难以激发学生的挑战力,更不利于学生英语能力的提高。

4.教材内容缺失本土文化

通过英语等外语的学习,不仅是要掌握外国的文化、历史等情况,更要以英语为渠道输出本国的文化,把中国传统文化推向世界。但是,目前国内高校使用的英语教材对中国本土文化的处理上,往往采取边缘化的措施,出现本土文化缺失现象。

此种现象在多种版本的英语教材中,均存在。通过对《大学体验英语(综合教程)》和《大学英语(全新版)综合教程》等的分析,教材中的英美文化取向尤其突出,而教材中所涉及到的中国本土文化少之又少。

教材内容在中国、英美等中外文化上比重的不当,使得教师在具体的教学模式实施过程亦如是,最终出现顾此失彼的局面。这也是大部分高校英语专业在大学毕业后选择留学深造的原因之一,最终致使大批优秀人才流失。

5.教材内容的需求过于狭窄

需求是产生动机的主要内因。综合以上四点内容,可知当今的大部分高校英语教材在需求上,过分重视学生的眼前需求,而未能做到从长远角度出发。教师也是教学活动中的主体之一,在教材编写上,还应考虑教师的需求。且在当今社会,教育除了具备教育个人的作用,还有一定的政治经济作用。教育要为国家的政治经济发展所服务,要符合国家需求、社会需求。

首先,针对学生的需求,仅仅考虑学生对通过四、六考试的要求,并未能从学生的长远发展需求着手。高校的目的是培养一批优秀的人才,能够为国家建设做贡献,并不是简单地让其应付四、六级等考试。因此,从长远看,高校的英语教材对工作后的英语需求并不能满足,导致很多学生在走向工作岗位后,依然要报班学习英语,增加其负担。其次,从教师的角度分析,对教材的编写,同样需要重视对教师的关注。在教学活动中,教师至始至终是主体之一,其地位不可替代。“工欲善其事,必先利其器”,只有优秀的教材,才能促使教师在教学模式的实施中充分发挥其作用。最后,从国家层面的需求分析。当今世界的竞争日益激烈,国际化的需求日益迫切,对优秀人才的需求日益紧迫。此外,高校英语教材内容中对中国本土文化的弱化，也同国家发展的需求相背离。

（三）教材使用率低

在高校英语教材编写、内容上的诸多问题，最终反馈到教材使用上。在各高校内，对英语教材的使用率、满意度均不高。高校使用的教材多分为两类：一是读写教材；二是听说或视听说教材。据调查数据显示：学生对教材的使用情况十分不理想。读写教材中，《大学英语（全新版）》的使用率约约38.9%；《新视野大学英语》的使用率约为49.3%；《新体验大学英语》约为0.5%；《新时代交互英语》约占5.3%；《新世纪大学英语》约为1.8%；还有其他类的教材约占6.8%。听说或视听说教材中，《大学英语（全新版）》的使用率约约30.1%；《新视野大学英语》的使用率约为35.1%；《新体验大学英语》约为0.2%；《新时代交互英语》约占50.4%；《新世纪大学英语》约为0.5%；还有其他类的教材约占6.8%。

在大学教材的选择上，部分高校并未做统一性规定，允许学生自由选择。因此，上述的统计数据，各类英语教材在总和上超过了100%。因教材选择的自由性，部分英语能力强的学生根本不需要大学英语教材。因此，在统计学生购买数量时，有些学生未购买任何版本的教材。而学生自制力差的学生，因教材购买不再监督、强迫，使得此部分同学也选择不购买教材。在购买教材的同学当中，真正使用的并不多。很多学生都在购买后，将其束之高阁。据统计，高校内英语学习中，对教材的学习比重最低时可降至零。虽然不排除部分学生英语能力超强的特殊情况，但是教材毕竟是学生学习的主要依据，使用率为零的情况确实存在着诸多不合理之处。据数据显示：学生对教材学习比重平均仅有53.55%，而每周学习教材时间更是少之又少，平均只有5.72小时，最高也仅有30小时。

对教材的使用率过低，在一定程度上给予了教师发挥空间，充分发挥教师的主观能动性。但是，因教材缺失，在课堂上、整体英语教学中，缺乏规范性；且因对教师的要求过多，增加教师的负担，使得部分能力较差的教师难以负担。因而，在英语教学模式中难以充分发挥其作用，使得教学模式的进行混乱不堪，难以达到良好的学习效果。

三、教学方法存在的问题

在教学活动中,依据教学目标,需要完成教学任务,实现教学目的。为此,教师和学生会采取各自的活动方式。这种在教学活动中为获得知识,促进身心发展的而采取的方法,就是教学方法。教学方法多种多样,“教无定法,贵在得法”。恰当的教学方法不仅能够促进学生的学习活动,而且能够促进教师的教学活动,实现双赢的局面;反之,对教师与学生均起到阻碍的作用。在教学方法的指导思想上,可把纷杂的教学方法总结归纳为两类:一是注入式,或者是填鸭式;二是启发式。这两种指导思想截然相反,前者忽视学生的主观能动性,饱受诟病;后者提倡学生的学习自主性,得到大力支持。在高校英语教学模式中,运用正确的教学方法,可使教学效果事半功倍。但是,纵观当今高校内英语教学模式中所运用的各式各样的教学方法,问题颇多。

(一)教学方法理论与实践相脱节

理论来源于实践,实践升华为理论。在正确的理论指导下,实践过程一帆风顺;反之,不然。高校英语教学模式的发展,关乎国家育人大计。因此,关于高校英语教学模式中教学方法的研究一直在进行。但是,在实际情况面前,却出现了方法和实践相脱节的现象。

在教学方法理论的研究中,大部分研究者并未有过高校英语的教学经验,其研究依据多是根据晦涩难懂,诘屈聱牙的外语教学理论。在此种研究方法下得出的教学方法可行性并不确定,具体实施到教学课堂上难以操作,问题很多。而大多一线的高校英语教师虽然有科研任务,可运用其丰富的教学经验进行教学方法的研究,但是大部分教师精力有限,在科研上能力不足。这两种情况,从根本上遏制了教学方法理论研究与实践相结合的道路。

对于上述第一种情况,部分学者已经逐渐认识到其弊端,试图改正,尝试在其教学方法理论的研究过程中加入实际教学环节。但是,目前在具体实施过程中依然困难重重,大多都是一概而过,走过场而已。例如,对写作技能教学方法研究,其教学方法理论研究主要集中于现代信息技术应用、语篇等方面。经过实践,学生的英语写作能力在一定程度上确实有所改善、提高。但是,仔细研究学生的作文,可发现写作必备的能力,如词汇、语法等运用,语言的表达能力等均未有显著提高。简言之,学生的写作能力在实际上并未提高,写作水平并未改善。因此,如若在英语教学模式中得以运用,形同鸡肋,毫无助益。

(二)以教师教授为主

在中国传统的教学方法中,是以教师的教为核心的,学生在学习上处于被动地位。这种教学方法,在现代社会有所改善,大部分教学方法皆提倡充分发挥学生的主动性,使学生由被动变为主动。但是,此种以教师传授知识的教学方法依然根深蒂固,难以根除。

在中学阶段,因考试的压力,在实际教学活动中,教学方法一直是以教师的讲授为主,教师在课堂上讲解学习中的重难点,学生根据教师的讲解,被动地接受知识。自小形成的学习习惯,在部分大学生进入高校后依然难以更改。一旦脱离教师的讲解,学生无所适从,变得茫然无助。因此,在大学英语教学模式的教学方法上,部分高校依然是以教师的讲解为主。

学生在学习中被动地接受知识,不仅使得课堂氛围沉闷,而且难以激发教师的教学热情,对于教师与学生的长远发展均是不利的。

(三)教学方法程序化

在高校英语教学模式教学方法的改革过程中,教师的作用不可忽视。改变以教师讲授为主的教学方法,发挥学生的主动性,需要在一线高校英语课堂上不断改革。在备课上,教师需要花费更多的精力,不断创新。如考虑如何充分利用多种多样的教学设备,如何激发学生的主动性。这些问题,常年来一直困扰着一线高校英语教师。

在高校英语教师的实际教学过程中,对于多元化的教学方法的运用,教师往往避而不谈,避之不及。多元化的教学方法,首先在时间、精力上耗费比较大;其次,对其实施效果,因其未曾尝试或者实施教师的不同等因素影响,并未有十足的把握。在某些时候,往往出现适得其反的现象。

此外,每一位教师都有其固定的教学风格。这种教学风格的形成,在很大程度上决定了一位教师的教学方法运用。而教学风格在教师执教伊始,就已形成,而且难以更改。因此,在教师的教学活动中,教学方法的运用都有其固定的程序,并经年不改。因此,多方面的因素影响下,使得高校英语教学模式中教学方法出现程序化的问题。

(四)教学方法形式化

当今社会下,生活节奏不断加快,生活压力不断加大。人们步履匆匆,为生活而奔忙。在高校内,虽然生活节奏相对缓慢、悠闲,但是面对繁华的物质世界,学生对待生活、学习似乎也很随意。大学学优生已成为稀有“动物”,需要不断宣扬。此种现象表现在高校英语课堂上,就出现学生为考试而学习,而非为知识而学习。此种学习氛围深深地影响教师的工作积极性,在教学活动中有时出现随意性,教学方法成为一纸空文,形式化严重。

(五)教学方法杂乱无章

从整体上研究高校内英语教学模式中的教学方法,发现毫无章法。首先,在教学方法理论构建上,因种种因素的掣肘,理论并未与实践相结合。因此,教学方法在理论上并没有一个行之有效的理论指导。然后,在教学方法的具体实施过程中,从教学活动的两个主体——教师和学生来看,对多元化的教学方法均存在抵触,制约着教学方法改革与实施。

高校内英语教学方法虽然逐渐改善,由注入式向启发式转变,教师在教学活动中的绝对主导地位逐渐弱化,学生在教学活动中的地位逐渐突出。但是,传统的教学方法根深蒂固,对其改革仍然任重而道远,需要教师、学生以及社会等各方面的共同作用。除此外,在新的高校英语教学方法实施过程中,也会出现的新的疑难问题。这些新问题的出现,也会成为高校英语教学方法改革道路上的绊脚石,最终制约高校英语教学模式的发展。

四、教学评价存在的问题

教学评价是教学活动中不可或缺的一个环节,在整个教学活动中占据着至关重要的地位。在进行教学评价时,其依据主要是教学目标,并设有一定的标准和手段。在此前提下,评价主体对教学活动以及其所产生的结果、影响给予判断。因此,教学评价是对教学活动及其结果进行测量、分析和评定的过程。在整个教学评价过程中,其评价对象涉及整个教学活动中所包含的因素,如教师、学生、教学目标、内容、方法、教学设备、场地和时间等因素以及这些因素的有机组合。教学评价在分类上,由于划分标准不同,类型多种多样。但是,任何一种教学评价的正确实施,通过诊断出教学活动的不当之处,不仅能够提高学生的学习水平,而且能够提升教师的教学能力。结合调查研究,目前我国高校内英语教学模式在教学评价方面存在诸多问题。

(一)教学评价标准简单

教育学中对教学评价的对象界定众多,其中一项是教学目标。当今,高校英语教学目标上大部分是以通过四、六级考试为主,这种教学目标在当今中国英语教学中过于简单。因此,由教学目标决定了教学评价的简单化。

不可否认,大学英语四、六级考试的实施,在过去的一段历史时期内,切切实实在一定程度上对大学生英语能力的提高起到了积极的作用。但是,世界局势瞬息万变,中国改革开放不断深入,对英语能力的需求也会发生改变。当今对英语不仅要较强的阅读能力,而且需要较强的交际能力,尤其需要极强口语表达能力,在解读外国文化的基础上,积极努力地输出中国本土文化。以大学英语四、六级的通过与否,分数是否高为教学评价的标准,已经不再适应当今英语教学发展。

目前,我国在不断致力于大学英语四、六级考试的改革,不断增加难度、增加口语测试等。但是,单纯地以四、六级考试为英语教学评价标准,其本身仍然存在诸多弊端。四、六级考试中题型单一,多是笔试题,听力部分分值较少,对于口语能力的测试更是形同虚设。大部分高校在校生通过四、六级考试,并获得参加四、六级口语测试的许可后,并未参加参加口语测试。此外,还有大批学生仅是以低分通过了该项考试,根本未达到参加口语测试的水平。因此,众多获得大学英语四、六级英语证书的学生,很多都是口不能言,表达能力很差。

(二)教学评价手段简单

在教学活动中,教学评价的手段多种多样。各种不同教学评价手段的交叉运用,对教学活动的顺利开展助益良多。通过对我国高校内英语教学评价手段的研究,发现存在手段过于简单化、单一化的问题。

目前,英语是大学生的必修基础性课程,尤其是大学一二年级,一直安排有英语课程。但是,教师在英语教学模式中对教学评价各种手段的运用十分缺乏新意。按照教学评价的作用来看,在诊断性教学评价中多以摸底考试为主,如大学新生入学前的英语摸底考试,在大部分高等院校都有实行;在形成性教学评价中,多是课堂提问为主;在总结性教学评价中,多是期末考试,且期末考试题型向四、六级考试题型靠拢。按照教学评价的标准看,相对性教学评价、个体内差异教学评价应用过少,多是绝对性教学评价,如期末考试,大学英语四、六级考试。按照教学评价主体看,教学评价多是外部评价,且单一地以教师的评价为主,而自我评价、自我反省很少。

(三)教学评价实施不当

教学评价标准、手段的简单化,决定了教学评价实施不当。教学评价标准、手段简单化,在实施过程中,难以评价出教学活动的真实效果,对学生英语能力的评价,其可信度也有待商榷。因过分简单的教学评价标准,使得教学活动的效果要求降低,从而给予较高的评价;对于英语能力较差的学生,也会给予超出其本身的过高评价。因评价过高,因此期望也随之增加。从而在以后教学活动中难以把握难度,对学生本人亦如是。因此,致使在以后的教学评价过程中频频出错。

此外,在当今高校英语教学模式中,教学评价环节的主导权一直掌握在教师手中。教师作为个人,有其鲜明的个人特色。教师在实施教学评价过程中,因评价素养的不足,常常出现评价不当的现象。这种不当的教学评价,不仅对教学活动不能起到积极的促进作用,反而会对起到消极的阻碍作用。

(四)教学评价应用不足

教学评价手段的简单化与教学评价实施的不当,又会在教学活动中引发教学评价应用的减少。首先,教学手段的简单化、单一化,使得教师在进行教学评价时对其他教学手段的应用不足。因未能够充分运用多种多样的教学评价手段,在实际的教学评价过程中,只能减少教学评价的应用。另外,在教学评价实施上的不当,也会相应地减少教学评价在教学活动中应用。不当的教学评价,反而不利于英语教学模式的展开。因此,为了减少教学评价的失误,许多教师纷纷避开教学评价环节。

此外,在英语教学模式的具体实施过程中,因教学课时以及教师精力等方面的限制,部分教师也会选择忽视教学评价环节。教学评价环节的缺失绝不是一件有利于教学活动的事情。教学评价能够及时反馈教学活动的效果是否良好,及时发现教学活动中各种失误等,对教师与学生的下一步教学活动展开极具借鉴意义。

(五)教学评价以学生为主要对象

教学评价的对象多种多样,任何参与到教学活动中的人、事物,皆是教学评价的对象。但是,当前中国高校英语教学模式中的教学评价环节多是以学生为评价对象,而忽视对教学活动另一主体——教师的评价。

自古以来,我国教师的地位高于学生。在中华民族众多的传统美德中,“尊敬师长”一直被认为是美德之一。在封建社会上,更是形成“一日为师,终身为父”的观念。学生对老师是顶礼膜拜的,万万不敢亵渎。因此,在封建社会的高压下,学生不敢挑战老师的权威性,对其不当之处不敢谈论。这种传统做法,深深影响了现代教育教学评价,使得教学评价皆是针对学生的学,而很少提及教师的教。

经过改革开放的深入,思想的不断解放,传统思想中的糟粕逐渐剔除,上述现象逐渐得以改善。但是,在现代社会下,大学教学一般实行走班模式,教师与学生的接触减少,使得学生对老师教学的评价难以及时反馈。虽然高校时常组织调查问卷,组织调查教师的具体教学情况,但是,此种调查问卷大多流于形式,并未发挥切实的作用。

(六)教学评价统一化

具体分析教师对学生的教学评价,会发现一个明显的问题:教学评价统一化,未能因人而异。在教师的美好期望下,学生英语能力应该是同等的。因此,在教学评价过程,教师对学生的评价是统一化的,并不是针对个人进行评价。但是,也并非完全没有个人评价。在进行诊断性评价以及形成性评价时,往往是针对个人进行的评价,此种评价在整体教学评价中的所占比重甚少。

此外,大学英语作为当代大学生的必修科目,在师资力量上缺乏,在教学组织形式上实行大班授课制。每班人数的过多以及教师同时教授多个班级,耗费了教师大量的精力,在对所授课的每个学生进行评估时,精力缺失。因此,在高校英语教学模式下,教学评价环节很难做到尽善尽美、因人而异,出现教学评价统一化的问题。

在高校英语教学模式的教学评价环节上,从教学评价标准到具体实施,均存在诸多问题。这些问题存在,同样制约着高校英语教学模式的发展。

第二节 教学模式宏观系统中存在的问题

十一届三中全会确定了“解放思想,开动脑筋,实事求是,团结一致向前看”的指导方针。在这一方针的指导下,全国各方面焕然一新。不仅经济建设取得辉煌成就,同时在文化教育方面成绩斐然。尤其是为了加快进入世界舞台的步伐,在英语教育方面成绩突出。英语成为学生的必修课,从上学伊始,贯穿整个学习生涯。特别是申奥的成功,更加推动了中国人民学习英语的热潮。整体而言,我国的英语教育已经普及,并且基础性英语教育成绩突出。但是,随着改革开放不断加快,当今的英语教学急需由基础性的教学转型到专门用途英语的教学。因此,在高校英语教学模式上,从宏观体系的支持上来看,各种问题层出不穷。本节旨在从教师、学生、课程、资源等四个方面,分析出现的各式问题。

一、教师层面存在的问题

在高校英语的教学活动过程中,教师一直是主导地位,负责激发学生兴趣、传授学生知识、评价学习结果等基本教学活动。在当下,高校英语教学活动中,英语教师的能力、素质等参差不齐。从教师层面看,因外部因素及教师自身内部因素的影响,在英语教学模式的宏观支持系统中存在着诸多问题。

(一)教师知识素养不足

1.教师学历层次不高

在高校内英语专业的教师在学历上均高于非英语专业的教师。在对英语学习要求上,英语专业的学生会略高于非英语专业。因此,在教师的学历方面,英语专业的教师学历大部分都是研究生,很多甚至是博士、博士后,并拥有丰富的留学经历,对英语语境的学习上经历颇丰。

2.教师口语能力欠佳

当今我国英语教育,存在的最大问题之一就是学生口语能力差。许多学生的英语能力仅仅是能够看,且是一些较为简单浅显的文章。因此,在翻译能力上英译汉尚可,但是汉译英的能力非常差。此外,对英语口语的应用更是惨不忍睹,仅限于简单的日常用语,更别细究其中单词的发音,甚至部分学生从不开口讲英语。因此出现一个特殊的词汇形容此类学生对英语的学习——“哑巴英语”。“哑巴英语”的出现绝不是偶然现象,这与学校英语教育有着千丝万缕的联系。在初、高中,英语学习多为应试学习,“哑巴英语”的出现也许无可厚非。但是,在高校,注重培养学生各方面的能力,依然出现“哑巴英语”的现象,值得重视。

当今高校,英语教师从业者大多说数并未有留学经历,并未曾接受英语环境的熏陶,对英语语境的学习不足。在英语发音的学习上,同样是来自教师的教授。因此,在发音上准确与否,并未有明确的认知。而且,因为缺乏留学经历,未曾深入置身于英语环境中,对英语口语的应用并不多,使得口语能力欠佳。此外,在讲课中,为照顾学生的接受能力,很少进行全英教学,以汉语教学为主、以英语教学为辅。因此,培养的学生也存在发音不准、口语能力不足的现象。

3.教师综合能力不足

语言的学习,是一种综合能力的学习,包括听、写、读、说等方面。英语作为当今世界最普遍的语言之一,对其学习亦不例外。

据调查显示,高校英语课程以精读课为主,口语课、听力课、翻译课等课程的课时量远逊于精读课。在我国高校内,尽管是重点高校,此种现象皆视为正常。因此,高校英语教师能力也是以阅览、精读为主,而在其他方面的能力稍微欠缺。尤其是在翻译方面的能力。清末启蒙思想家、著名的翻译家严复曾提出英语翻译要做到三点要求:信、达、雅。目前,许多高校英语教师在翻译能力上仅仅达到第一层要求“信”,翻译出句子、文章的大致意思,不背离原意;少部分教师能够做到第二层要求“达”,译文句子通顺,不拘泥于原文;做到第三层要求“雅”的英语教师寥寥无几。

综上所述,高校英语教师在本专业的学科基础知识上存在诸多不同问题。教师知识素养的欠缺,严重不利于教学活动的展开。因此,教师知识素养的不足,成为制约高校英语教育发展的重要障碍。

(二)教师能力素养欠缺

教学是一项专门为培养人的学习能力而进行的复杂活动,教师在教学活动中始终处主导地位。教学活动的复杂性决定教师具备多种多样的能力。一个合格的教师,不仅需要具备丰富的学科基础知识,同时需要具备较强的教学能力等。优秀的教学能力包括敏捷的思辨能力、较高的创新能力、较强的组织能力以及研究能力、并具备极强的评价能力等。优秀的教学能力直接影响教学活动的展开及其效果,促进教学活动的顺利完成。因此,上述能力的缺失直接阻碍教学活动的展开,影响教学活动的效果。如今高校内的英语教师因诸多外在及内部的原因,上述能力存在不足,并非全部具备优秀的教学能力,影响高校英语教学模式的发展。

1.思辨能力缺失

思辨能力在教学活动中发挥着至关重要的作用。教学及学习在本质上一种思考活动,教师的所思所想直接影响学生学习。思辨能力就是带着批判与改进的精神进行分析、评价、思考的过程,以思考能力为核心和前提。无论教与学,都需要思考。只有思考,才能得到提升。思考的结果,通过语言等形式表达。语言是人们沟通的桥梁,因此,教学活动的展开离不开语言的表达。语言表达是一切教育工作者必备的主要能力,是教师思辨能力的呈现形式之一。

我国的高校英语教学改革正在如火如荼的进行。但是,改革中依然受到传统观念、因素的影响,对当今高校英语教学模式的创新起到阻碍作用。其中,把英语视为传统的大文科类的思想依然根深蒂固。作为文科的英语,在教学活动中只需掌握读、写、听等能力,不需要深入思考。这一误区,导致在教学活动中,教师思辨能力的不足。而思辨能力恰恰是英语教学中重要的能力之一。英语的学习,并非是简单的语言学习,而是通过学习语言,掌握相关国家的历史文化、思想观念。正所谓"知己知彼,百战不殆"。

当今高校的英语教师在思辨能力上缺失严重,在教学活动中照本宣科。当今世界,瞬息万变,信息更新快捷简单。如若一味地接受传统观念,不具备思辨能力,终将落后于时代。在英语教学中,思辨能力的缺失,终将被学生所抛弃,致使英语教学模式的支持系统瘫痪。

2.创新能力不足

"创新是一个民族的灵魂,是一个国家兴亡发达的不竭动力。"当今世界,是知识大爆炸的时代,创新不仅是国家的灵魂,也是个人发展、事业展开的灵魂。创新是知识时代对人才的基本要求。当今教育,以创新教育为主。创新教育重视人的自主性,强调人的社会性,尊重人的个性。在教学活动中,教师创新能力的正确运用,能促使教学活动达到事半功倍的效果。在高校英语教学的活动中,创新能力不可或缺。在教师的创新活动中,表现为教师在见解上独到,在教法上新颖,在意识上民主,在精神上不断探索,最终,以其创新性的思维,突显出个人特色。

当今高校,英语课始终是大学生的必修课程之一。创新意识已成为高校一线英语教师的必谈话题,每位任课教师均已认识创新的重要性。部分思维活跃,创新能力强的教师,已经把各种新的教学方式应用到课堂教学中,并取得良好效果。但是,大部分高校英语教师仍未具备相当不错的创新能力,只是照搬已有的经验。高校英语教师创新能力不足的直接表现是学生的上课积极性差,致使每节课的逃课人数递增、课堂效果不佳等。这些现象严重的影响高校英语的学习效果,阻碍英语教学模式的实施,致使高校人才能力不足,影响个人及学校,甚至国家的长远发展。

高校英语教师的创新能力不足,不仅阻碍学生的发展,同时不利于教师的发展。一个没有创新能力的教师,其科研能力必定欠缺。对高校英语教师而言,教学任务与科研任务相辅相成,相互促进。科研能力的不足,阻碍其教学任务的完成,不利于教学活动的开展。总体而言,从多方面分析高校英语教师的创新能力,其重要性不言而喻,其不足严重阻碍高校英语教学模式的改革。

3.评价能力缺失

教学活动环环相扣,缺一不可,教学评价是其中一项重要活动。教学评价的及时、正确的给予,能激励学生的学习兴趣,促进学生及时改正。而老师在教学评价中处于实施者、组织者的地位,其地位不可撼动。因此,教师的评价能力对教学效果影响至关重要。即使是在高校,大学生已经成年,逐渐走向成熟,但仍需要别人的肯定及批评。正确积极地评价,不仅增加大学生的自豪感,刺激其学习主动性,而且能促使其正视自身缺点,及时反思改正。

美国评价专家斯蒂金斯曾提出“评价素养”一词,并把此素养认为是教师在日常教学活动中养成的素养。教师的评价素养包括八个方面:评价的基本概念、评价的使用、评价的规划与开发、评价的解释、评价结果的描述、评价的评估与改进、反馈和评分、评论伦理。结合英语教学过程中的实际要求,高校英语教师的评价素养指其在英语的教学过程中,结合英语学科知识和特点,利用相关的评价技巧,正确评价学生学习,并利用评价反馈,改进教学的能力。因此,高校英语教师的评价素养可概括为四项内容:英语评价理论和伦理能力、英语评价设计和实施能力、英语评价结果描述和分析能力以及英语评价反馈和反思能力。

可以说,教师的评价素养需贯穿整个教学活动,并非简单的某一环节。但是,据调查显示,高校英语教师的评价素养很难体现,评价能力的高低难以判断，存在严重缺失的现象。接连上课的课时任务，耗去了教师的大部分精力，疲于应对。在师生交流方面，因时间、精力等缺失，十分匮乏。因此，导致教学评价这一环节缺失。教学评价环节的长久缺失，使得教师的评价素养难以实践，评价能力得不到锻炼。因此，在教学活动中，学生很难得到正确的积极地评价。而相应地，教学评价所能起到的激励学生，促使学生正视错误，及时改正等作用，均未能得到充分地发挥。最终，高校英语教师评价能力的不足，成为当今高校英语教学模式改革的阻碍因素之一，成为大学英语教学模式改革道路上一大隐患。

二、学生层面存在的问题

学生是教学活动中学习的主体。目前，我国高校内各种英语模式的开展均离不开学生的配合，皆强调学生主观能动性的发挥，充分调动学生的积极性。但是，在各种英语教学模式的宏观支持系统中，学生由于种种问题，均未能充分发挥其在英语教学模式中应有的作用，制约着高校英语教学模式的顺利开展。

（一）学生基础薄弱

英语在学生的学习生涯中占据重要地位。目前，我国大部分地区，在小学已经开设英语课程。在初中至高中的六年学习生涯中，英语课程一直是学生的必修课程，且是主要课程。每一个进入高等院校的学生，在英语的学习时间上均不会低于6年时间。但是长时间的英语学习，并不意味着学生具备了较强的英语基础。据调查显示，高考生在语文、数学、英语三门主课的得分状况上，英语的得分水平始终不高，而且超低分人数众多。

即使高考英语得分高，也不意味着该学生的英语基础强。在大学英语的学习上，不仅要求学生具备有较强的阅读能力，同时要求每一个学生具备较强听说能力，能在实际生活中正确的灵活的运用英语，使英语真正成为生活中的第二门语言。在我国初高中的英语教学中，为了应付中招、高考等考试，往往忽视对学生英语听说能力的培养①。虽然在初中

①罗晨洁．高校英语口语教学模式的转变——评《新时期高校英语口语教学研究》[J]．教育理论与实践，2022，42(33)：2.

阶段,英语听力是中考必考项目。但是,初中对英语的学习仅限于日常生活交流,十分简单。而初中学生升入高中后,对于高考志愿是非英语专业的学生,听力是不计入总分的。因此,很多学生以及老师,在升入高中后,均放弃了英语听力,毕竟英语听力相较于阅读、写作等部分,难度较大。此外,中国每年的研究生招生考试中,英语虽然仍是必考科目,但是非英语专业的英语考试是完全没有听力内容的。

总体而言,从整体上看,大学生的英语基础仍较薄弱。因此,在高校的英语教育模式中,因学生接受能力的不足,限制了英语教师在教学模式中的教学活动。

(二)缺乏学习兴趣

据调查问卷显示,当前高校内,大部分同学缺少学习英语的兴趣。这部分同学不仅包括非英语专业的学生,同时还有部分英语专业的学生。

对于非英语专业的学生,学习英语不过是为了期末考试不挂科,顺利毕业,再者是能够通过大学英语四、六考试,然而并非每一个大学生毕业时都通过了四、六级考试,仍然有学生未通过。对于英语专业的学生,长期枯燥无味的学习,耗费了部分同学的学习耐心,对英语学习出现疲惫感、厌恶感。因此,部分学生在长期的学习中失去了学习乐趣。虽然,对于英语专业的学生来说,学习兴趣不足的学生虽没有非英语专业的学生人数多,但是长期的厌恶情绪,在课堂上、日常生活中的渲染,总会传染,影响其他学生的学习,致使英语教学模式的宏观支持系统中的主体之一的学生,出现塌陷。

(三)实际应用能力差

迫于语言大环境的影响,在大学生的日常生活中,普遍使用英语进行交流的现象可谓是罕见。在国内,大学生日常交往均已母语为主,很少使用英语。虽然在众多高等院校内,每年都招生了很多外国留学生,其中不乏以英语为母语的留学生。但是在大学生生活中,学生同外国留学生之间的联系十分疏远,与外国留学生之间的交流很少。况且,很多外国留学生十分渴望学习汉语,其更希望与之交谈时使用汉语,以增强其汉语能力。

即使在学校开设的口语课程学习上，大部分学生依然故我的使用汉语交流。因为在期末考试中，大部分学校的非英语专业均未设有口语考试。而且在口语课程上，因学生人数众多，老师根本无暇顾及到每一个学生是否真正地在练习口语。总体而言，在实际生活中，大学生的英语实际应用能力十分差，不堪一击。

三、课程设置存在的问题

在学校教育中，课程是核心，涉及到在教学过程中教师“教什么”和学生“学什么”的问题，是学校教育的基础。因此，课程设置直接关乎教师的教和学生的学。课程设置是教学过程的具体实施性文件，主要规定了课程类型、课时安排，并对各类学科的课程学习目的、学习内容、学习要求等进行简要的规定。其包括了合理的课程结构和课程内容等。因此，在教学过程中，课程设置在宏观上把握教学进程，保证教学工作的正常进行。因课程设置的重要性，历来受到重视。高校在英语教育课程设置方面力求完善，精益求精。

中华人民共和国成立以来，我国高校英语教育也走过了漫长岁月，历经沧桑。在高校英语教育过程中，国家在课程设置上因时而异，及时调整。纵观整个历程，可将我国的高校英语课程设置划分为三个阶段：第一阶段，中华人民共和国成立后到1965年；第二阶段，文化大革命时期；第三阶段，中共十一届三中全会召开至今。在第三阶段，国家秉持解放思想、实事求是的方针，对高校英语教育进行大刀阔斧的改革，不断适应当今发展需要，培养了一大批优秀的人才，取得了巨大的成就。但不可否认，由于诸多因素的干扰，在课程设置方面并未做到尽善尽美，当今高校英语教育在课程设置方面还存在诸多问题。这些问题的存在，制约着高校英语模式的不断发展。

（一）缩减课程学分

2007年，教育部高等教育司颁布了《大学英语课程教学要求》。其中对大学英语课程学分的规定是：大学英语课程应是整体学分制体系的一部分。其比重在本科阶段应占到总学分的10%，也就是保证其有16学分左右。大学英语课程在高校教育中，一直占据着重要位置，是大学生的必修课程。因此，大学英语学分在总体学分占10%的比重，是大学生必修基础课程中比重最大的一门学科，历来备受争议。但是，如此的课程设置有其必要性。第一次工业革命后，英国国力增长，终确立其“世界工厂”的地位。随之而来的大规模殖民扩张，促使英语的地位不断提高。至今，英语依然是国际社会交流中的通用语言。因此，高校对英语课程的重视，为我国在国际舞台上的竞争培养一大批优秀型的人才，使得中国在舞台上的沟通更加顺畅，中国的影响力在世界舞台上得到发挥。

目前，我国高校英语教育的基础性教育逐渐完善，取得丰硕成果。在高校英语教育中开始出现缩减课程学分的呼声。这种呼声，在高校教育内虽然并未得到全部性的支持，存在一定的争论。但是，在部分高校内，已然开始了改革，出现逐步缩减英语学分在总体课程学分比重的趋势。国家重点高校在英语学分设置上逐年递减的现象，给其他高校传递错误信息，使得部分高校纷纷效仿。致使有些学者断言：在中国的重点大学内，开设大学英语课程已无其必要性。

支持大学缩减英语课程学分的呼声认为：英语作为通识教育已无必要，此类课程的设置形同鸡肋。在缩减英语作为通识课程学分的同时，应相应的增加英语专业课程的学分。增加专业英语课程的学分，势在必行，此趋势适应英语教学转向ESP教学的需求。但是，通识性、基础性的英语教育依然有其存在的必要性。基础性的英语教育可以扩宽学生视野。英语作为一门语言基础课程，不仅充当交流工具，更主要的是外国历史文化知识的学习，体现其人文价值。

高校对英语课程学分的缩减，虽然有其一定的合理性；但是，从整体英语教育出发，此举并不妥当，至少在普通高校内不值得提倡。上文所提到的北京大学、清华大学、复旦大学、浙江大学等皆为中国一等高校，其在生源质量上不可等同于普通高校。目前在普通高校内缩减英语课程学分是不恰当。此项举措并不能对高校英语教学模式起到促进作用，反而阻碍其发展。

（二）课程设置僵化

在高校英语课程设置上，未充分考虑学生的需求。学生对英语课的学习仅是为了获得相应的学分,是一种被动性的接受学习。这种现象在很大程度上与英语课程设置僵化有莫大关联。高校英语课程的僵化表现在两大方面:一是实行模块化教学;二是实行分类教学。模块化教学主要针对英语专业学生,分类教学主要针对非英语专业学生。

1.模块化课程

目前,高校英语专业模块化课程设置分类不一,存在有三模块说、四模块说、五模块说。“三模块说”为:专业必修课、专业选修课及相关知识选修课或者是语言技巧课、专业知识课及文化、文学素质课。“四模块说”为:专业技术、专业知识、相关知识和实践课程。2000年,刘毅曾提出另一说法:语言技能、语言文化、专业知识、职业性课程。“五模块说”众说纷纭,各个高校根据其实际情况,纷纷在“三模块”的基础上另加两个模块。朱萍认为“五模块”应分为:语言基础知识及基本技能、语言理论课程、专业方向课程、知识应用技能、素质教育等五个。

根据知识结构进行模块化的课程体系划分,在一定程度上能够使学生自己检测,对自身知识有一个明确的认知,在今后的学习中做到扬长避短,培养出优秀的复合型人才。但是目前我国高校模块化的课程设置均存在诸多问题。如:知识内容结构划分不合理;选修课的设置凌散,杂乱无章,未形成体系化等。

这种模块化的课程设置在很大程度上表现出僵化迹象。因其把学习分门别类,仅限在几个模块中。如此一来,在模块的分配上常常出现比例不当的难题。如重视理论课程,忽视实践课程。此外,模块化的课程设置导致专业课程过多,但因师资不足,学校难以承担,只得减少选修课程的设置。而选修课程的设置能最大限度的发挥学生的学习主观能动性,并能为其提供较多的发展方向。如此局面下,只能使得学生专业性发展道路狭窄,在就业上形成压力,并难以满足市场人才需要,造成人才浪费的现象。

2.分类课程

目前,我国高校非英语专业的英语课程一般分为:精读课、听力课等,其中以精读课为主,忽视听力课的教学。精读课的教学内容以初高中教学方式为主，阅读教材，分析语法等。此种教学内容，即使在任课教师不断创新，改变教学方法的过程中，依然很难激发学生的学习兴趣。

对于听力课的忽视，是高校英语教学的常态，也是值得教育部门深思的问题。忽视对英语听力的教学，不仅存在于高校内，在初高中时期已经形成。对英语听力教学的忽视是一个长期问题。这一问题的产生主要是由于教育的缺乏以及资金、设备等教学设施投入不足等。此外，因初高中时期未能接受良好的英语听力教学，导致学生英语听力基础差，致使学生在步入大学后，在听力方面的接受能力不足，使得教师在听力教学时举步维艰。长期的恶性循环，使得高校逐渐淡化对英语听力的教学，使得在英语课程设置方面的僵化。这种僵化的英语课程设置痼疾难消，成为高校英语教学过程中的一大问题。

此外，高校内针对非英语专业的在校学生，很少设置专门的口语课，使学生缺乏对英语口语的锻炼。这些问题导致高校学生在英语学习方面的不足，不仅表现为听力能力差，而且对其英语综合能力的运用起到阻碍作用，形成"汉语化"的英语，难以摆脱母语对英语的影响。

综上所述，无论是针对英语专业而设置的模块化教学，还是针对非英语专业而设置的分类教学，均已形成僵化趋势，成为英语教学模式宏观支持系统中的一大难题。这一难题的存在，在很大程度上影响英语教学的良好进行。因为僵化的课程设置，不仅限制英语教师的创造性发挥，而且削弱学生的学习兴趣，打击学生的学习积极性。

四、教学资源存在的问题

（一）资源分布不均

目前，我国高校在英语教学资源分布上，仍然存在不均匀现象。首先，在师资力量上。外籍教师（简称外教）是重要的一部分，尤其是在高校口语教学的课程上，有着不可替代的作用。外教在英语的运用上有着多年的丰富的实践经验，对于英语语境的把握优于大部分本土英语教师。但是，目前在我国各类高校内，明显存在着外教数量的不等以及质量方面的不等。在数量以及质量上，我国著名的高等院校的外教均优于普通类的高等院校。其次，在资金、技术等支持上。目前，世界竞争日益激烈,国家对高精尖人才需求量骤增。在高校教育所需的资金、技术上,国家的投入力度明显倾斜于著名优秀的国家高等院校。最后,在语言环境上。在外国人的分布上,一线城市的外国人明显多于二三等线城市。因此,在语言环境上,位于一线城市的高校学生的语言环境要优于经济水平较差地区的高等院校学生。

(二)资源利用率低

我国高校大部分非英语专业的英语课程均分为两类:一类是精读课程;另一类是视听说课程。两类课程在课时比重上,区别明显。大部分学校的英语课程中,精读课程课时比重较大,而相应的视听说课程课时量较少。视听说课程的开设不仅需要大量的相关设备,同时需要具备相关能力的教师。但是,目前我国高校建设上,设备逐渐完善,唯独优秀的视听说教师师资储备不足。因此,致使视听说设备的虚置。此外,在大部分高校内,对于视听说课程的安排,均设有自主学习课时。但是,学生在自主学习上,多是心不在焉,滥竽充数。学习目的只是为了固定的课时任务,不影响期末考核。在学习时,大部分学生并未使视听说设备得以充分利用。

第三节 高校英语教学模式出现问题的成因

当今高校英语教学模式随着社会环境的的不断发展,正在进行紧锣密鼓的改革。任何改革都不是一帆风顺的,必然受到诸多内部及外部因素的影响。高校英语教学模式的改革、发展亦然。在此过程中,积极发现各种问题,并及时查找原因,对高校英语教学模式的改革、发展起到莫大的作用。中医上有云:对症下药,方能要到病除。因此,只有积极地探寻各种问题的成因,方能在下一阶段对症下药,摒弃高校英语教学模式中的诸多问题。本节旨在主要从教师、学生等两个方面寻找原因。此外,由于中国经济发展的不平衡、政治发展战略要求、文化传统等方面原因,也是高校英语教学模式中出现问题的成因。

一、教师方面的成因

在高校英语教学活动中，教师学科知识素养的缺失以及能力素养的不足，都对教学活动取得良好的效果起到制约作用。为解决问题，必须先寻找问题由来，分析问题成因，从根源着手。对于教学活动中，教师方面存在的诸多问题，并非单纯地是教师自身的问题，很多外部因素的影响，也促使教师各种能力的不足，如从根源来说，在教师的培养方向上，即存在诸多问题；另外在教师的选拔机制方面，并未能做到考察教师的全方面能力等。

（一）教师自身发展方面

在传统的教育观念中，教师是无比光辉崇高的职业，常被比作“蜡烛”“人类灵魂的工程师”等，提倡教师无私奉献精神，宣扬优秀教师模范。但是，在日常生活中，教师首先是作为“人”独立的存活于世。其次，才是作为教师的身份生存与俗世中。因此，并非每位教师皆具有无私奉献的大无畏精神。教师的职业仅仅是许多人的职业，在从事这份职业时，他们努力工作，积极地提高自身的各项技能。但是，俗世中的人，不可避免受俗世干扰。教师常年日复一日大量重复性工作，大大减轻工作热情，降低工作成就感，促使其自身发展动力不足。而自身琐碎的日常事务，占据了教师过多时间，促使教师难以提高自身能力。此外，高校教师除了日常的教学任务外，还有艰巨的科研任务，致使教师无时间、无精力去提高自身教学能力。

1.教师动力不足

高校教育国际化，及高校英语教学模式的改革，促使高校英语教师不断提升自我，发展专业能力。但是，面临着不断增加的压力和挑战，使得高校英语教师职业倦怠感增强，致使自身专业发展的动力严重不足。据学者研究，教师的自我概念感和教学效能感同职业倦怠感的产生密切相关。

教师的自我概念感包含个体对教学的成就感、师生关系、同事关系及教师职业价值等因素的观念与态度。积极地自我概念能够产生较强的工作动力，强烈的自我效能感，能产生强大的自信，不仅肯定自我能力，而且能拥有较强的控制力。教学效能感是自我效能感在工作中的具体表现，是对其教学任务的态度、看法。在工作中，教学效能感的强烈与否，正面反映了教师教学的效果。据国内外学者研究表明：高校的英语教师在自我概念与职业倦怠感逐渐存在密切关系，二者呈负相关；教学效能感与自我概念诸多因素呈正相关。

针对此问题，根据国际教师自我概念评定量表（TSCES）、教学效能感量表（TES）和职业倦怠量表，对部分高校英语教师进行抽测。经调查发现，高校英语教师的自我概念和教学效能感普遍不低；但是一般均存在职业倦怠感，其中的核心指标情感衰竭颇高。由于反复的、长时间的压力，致使高校英语教师常年超负荷的工作，出现情感衰竭的现象，致使出现职业倦怠的症状。此症状的出现，在极大程度上影响高校英语教师自我专业发展的动力。在事物发展过程中，内因起着决定性的作用。自身动力的不足，即使外部创造优渥的条件，也难以发挥出巨大的影响力。因此，教师动力不足，成为制约教师专业发展的根本原因。连锁反应下，教师专业发展的不足，又成为制约高校英语教学模式的因素之一。

2.教师时间不够

改革开放以来，我国经济的快速发展，需要大批量高层次人才。为适应经济发展的需求，国家不断加强高校建设，逐渐递增高校招生录取人数。据统计数据显示，全国在校大学生人数，在2022年已突破4500万人，达到4655万人；而在本世纪初，全国在校大学生人数仅突破1000万人；若继续把目光推前，在新中国成立之初，50年代我国重点高校仅6所，能容纳的大学生更是少之又少。

随着高校的不断扩招，在校大学生人数逐年增加。据调查，英语课程作为高校的必修课程之一，大部分高校的英语课皆采取大班授课的方式。即使如此，高校内仍然存在英语老师严重缺乏的现象，导致英语教师的教学任务异常繁忙。此外，高校内英语教师除了日常的教学任务外，还有繁重的科研任务。这些工作，已然耗尽了高校英语教师的日常时间，使其根本无暇提高自身的各种教学能力。

教师在提升自身知识素养与能力素养时，不仅受限于自身主动性的缺乏,同时也受到时间的限制。无动力、无时间成为教师能力提升的内部阻碍因素。

(二)教师培养方案方面

当今中国高校英语教学已经取得阶段性的丰硕成果,基础性的通用英语教学任务基本完成。结合中国战略发展要求,为适应教学发展,中国英语开始转型到专业用途教学,进行ESP教学。著名学者杨惠中在强调高校英语的教育目的时,曾说道:在我国大学生学习英语的目的中,应把英语作为一种交流工具。不仅能够通过英语学习本专业所需要的各种信息,而且而能够用英语输出本专业的内容。因此,从此种目的出发,大学英语教学实质上应该是专业用途英语教学。

随着英语教学方向的转变,教师培养方向也应随之发生改变。著名学者刘润清曾在2010年时,说道:其预测,在之后的几年内,大学英语教师的职业发展应该转向专门用途英语教学的方向。纵观历史发展,任何改革性措施的进行都是艰难无比、阵痛式的,高校英语教学模式的改革亦不例外。高校英语教学转向ESP教学,所涉及的方方面面纷繁错杂,其中英语教师的转型至关重要。高校英语教师的培养,大多来自高校内的英语专业学生。但是,纵观中国大部分高校英语专业的培养方向,并未进行大刀阔斧的改革。高校内英语专业的培养方向依然是通用性英语教学,对专业用途英语教学的课程的设置多为选修课。因此,从根源来看,高校内英语教师的培养方向限制了高校内英语教学模式的发展。

(三)教师选拔机制方面

当今高校的发展规模不断扩大,招生录取人数逐年递增,毕业生人数也相应的增加,而国家也改变了对高校毕业生的就业途径。新中国成立之初,因高校毕业生稀缺,国家在其就业问题上采取的是定向分配政策。但是,随着改革开放的深入发展,中国面貌焕然一新。高校人数每年递增,高校毕业生定向分配的政策不再适合中国国情。因此,在1996年,全面取消高校毕业生定向分配政策,实行自主择业。在自主择业下,高校毕业生自由竞争,高校人事处择优录取。此项举错看似提高了高校英语教师的水平。但是,结合时代大背景,现代高校毕业生比之新中国成立之初的高校毕业生在质量方面存在一定的差距。而且,在高校扩招下,对英语教师的需求量骤增。因此在高校招聘英语教师时,往往降低门槛。

此外,英语教学是一门语言类的学习过程。在高校内英语教师的选拔多是选择我国高校内英语专业的学生,而较少聘用曾经生活在英语环境下外教。虽然此部分学生经过专业的学习,具有一定的英语水平。但是,其中大部分学生并未置身于英语语言环境之中,对英语语境的了解并不深刻,如难以理解一些地方性的俗语、英语思维等,对英语的理解变通性差。因此,在对英语教学的过程中,外教相比于高校英语专业的教师中存在一定的优势。另外,在对外教的招聘选拔时,也存在一定的问题。在一些非重点高校内,为了弥补外教稀缺的遗憾,常常降低对外教的要求,致使一些并不具备教学资格的外国人滥竽充数,影响高校的英语教育。

二、学生方面的成因

在教学活动中,学生至始至终都处于主导地位。任何教学模式的实施都离不开学生的参与。只有学生积极主动地融入到学习中,教学活动才能体现其价值。在高校英语教学模式中,学生是最主要的参与者。国家、学校在设置高校英语课程的教学目标、教学内容,规划课程设置时不得不考虑学生的因素。因此,在高校英语教学的实施角度及宏观支持系统等两个方面存在的诸多问题,均同高校学生素质产生千丝万缕的联系。

(一)地域不同

自古以来,中国疆域辽阔,因地形、地貌等因素的影响,形成鲜明的地域特色。在不同的地域,人们在生活方式、生活理念等方面,存在较大的差异,形成独树一帜的地域文化特色。这些不同的地域文化特色,共同构筑了统一的中华民族传统文化。

我国高校海纳百川,群英荟萃,接纳来自四海八方的莘莘学子。这些学子来自不同的地域,有着不同的教育背景,接受着不同程度的教育。在英语教育方面,当前尚存在着东中西部、城乡等地域方面的差异。因此，大学生在入学时，英语基础上因其地域的不同存在差异。此外，在当今高校不断扩招和国家政策性倾斜下，促使众多中西部、农村学子能够进入高校校园内学习，接受高等教育[①]。英语课程是大学生必修课程之一，因学生基础差异，在英语教学模式的进行中不得不考虑部分学生的接受能力。因此，在教学目标、教学内容、教学方法、教学评价等方面不得不因人而异，顾全全体学生。

随着高校的改革，高校内的地域特色逐渐浓厚。因地域的不同，促进了高校内校园文化的丰富多彩，丰富了大学生的日常生活，促进中华民族文化的大融合。但是，因其地域不同，在英语基础方面存在差异。这种差异的存在，对当今高校英语教学模式的发展起到不同程度的阻碍作用。

（二）高考考生类型不同

高考是学生学习生涯中的一件大事。每年有众多的学子，通过高考，升入理想的大学。高考是全国普通高等学校招生的统一考试，按照已有的招生计划，择优录取。高考分为两类，一是普通高考，二是艺术类高考。前者参加人数比例明显多于后者，但后者参加人数，在近年来呈持续上升的态势。在我国，艺术类高考考生大致分为六类：一是服装表演、模特专业；二是美术专业；三是表演专业；四是音乐专业；五是播音主持、编导专业；六是体育专业。每个艺术类考生不仅要学习相应的艺术专业课，还要学习文化课。但是，参加艺术类高考的考生相较于普通高考生，文化课要求比较低，成为许多文化课不优秀的学子进入大学的捷径。因此，当前社会普遍存在艺术类高考较为容易的心态，促使每年报考人数增加，学生质量良莠不齐。

在我国高校内的艺术生，因其在通过高考这一独木桥的过程中，在文化课程上的要求普遍较低。据调查统计，2023年北京市艺术类考生文化课本科提档线为336分。同年北京市普通考生本科批提档线为448分；2023年陕西省艺术类考生文化课本科提档线为302分。同年陕西省普通

①申志华．高校英语教学模式创新的多维审视[J]．食品研究与开发，2022，43(21)：241.

考生本科一批提档线为489分，本科二批提档线为403分。从以上数据分析，艺术类考生同普通考生在文化课成绩上的差距显著。虽然并不排除部分艺术类考生的英语成绩十分优秀的可能性，但是，总体而言，从大数据分析，大部分艺术类考生的英语成绩均不理想，甚至是十分糟糕。

艺术类考生进入高校后，同普通考生在性质上并无差别，同为高校一员，共同接受高等教育。但是，因其在入学考试时文化课要求低，导致其英语等文化课基础薄弱。加之，社会普遍价值观的默认，致使部分学生学习文化课的动力不足，甚至自我怀疑，固有的心理态势与思维方式，加剧了艺术类学生学习英语等文化课的困难。因此，在从高考考生类型分析，不同的考生因其英语基础的不同，促使高校英语教学模式改革、发展中出现各式问题。

（三）学生性格不同

根据心理学研究，不同的性格产生人们各种各样的心理活动。性格体现一个人的本质属性，是人与人之间相互区别的主要方面。在心理学上，性格的定义是指人的较稳定的态度与习惯化了的行为方式相结合而形成的人格特征。

学生性格类型多种多样，根据心理活动的指向，性格可分为外向型和内向型。外向型的学生，在心理活动上多指向于外部世界，大多感情奔放，如表现为活泼大方，热情开朗，善于应酬，思维敏捷，对环境适应性强；而内向型的学生则同外向型的学生相反，其在心理活动上多指向于内部世界，感情比较深沉，办事小心，谨慎多思，不善于交际，适应环境的能力较差，很注意别人对自己的评价。此种性格划分有瑞士著名心理学家荣格提出，他认为：大多数人并非典型的绝对的内向型或外向型，而是介乎于两者之间的中间型。

根据英语教学的特点，据调查统计，偏于外向型的学生对英语的学习较为容易；反之，而偏于内向型的学生在英语的学习过程中较为困难。英语等语言类的学习是综合过程，注重语言表达，需要学生具有勇于表达。在性格方面，偏于外向型性格的学生在英语学习中更为容易。而偏于内向型的学生往往因其羞涩、害怕出错等引起其他学生的嘲笑，心理比较敏感，不善于表达，在英语口语等学习上较为吃力。因其害怕别人轻视的目光，一般口语较差，从而在英语的学习当中体会不到讲英语的乐趣，最终失去学习英语的兴趣，缺乏学习动力。因此，不同性格的学生，造成英语学习兴趣的差异，致使英语能力不同，成为英语教学模式发展中出现问题的成因之一。

（四）学生的学习动机不同

在语言教育中，众多著名的优秀语言教育家认为：动机是语言学习成功与否的重要因素之一。动机主要是个人采取各项活动的目的、意图、心理冲动等。它产生的基础是各种需要，因此，可以对人们行动的愿望和意图起到激起或抑制的作用，推动人产生各种行为的内在原因。

从动机产生的内在原因看，对英语学习的动机分为三种需要：一是好奇心的驱使下探索世界的需要。学习英语不仅仅是掌握一门外语，更可以探索其他国家的政治、经济、文化，满足其对外部世界的好奇心。二是学习知识的需要。英语作为一门课程，对其通透的学习，可以丰富自身知识，满足自身求知欲望。三是对自我提高的需要。学习英语可以扩大自己的交际范围，提高学习者在学习、工作中的能力，实现其自身价值。但是，结合我国高校的实际情况，高校大学生对英语的学习有自身实际需要，主要是通过考试如通过四、六级考试，主要是针对我国高校非英语专业的学生；还有部分学生因升学的需要，参加研究生入学考试，其中英语是各类专业考生的必考科目之一；此外，还有部分学生因出国留学的考虑，需要考托福或雅思。据调查数据显示，在我国高校内，因考试需要而学习英语的学生比例将近占了72%，因兴趣所在而学习英语的学生仅约占9%，因其他需要的学生占了将近19%。因此，在学习兴趣上的缺失，致使学习动力不足，从而成为高校英语教学模式中存在诸多问题的成因。

三、其他方面的成因

高校英语教学模式的实施离不开教与学的主体。在教学活动中，教师是教的主体，学生是学的主体。因此，从教师与学生方面分析，寻找出诸多问题的成因。如教学目标因学生能力的不同过于简单；教学方法不适宜学生;教学评价实施中教师方法不当;教师能力素质欠缺;学生兴趣缺失、基础薄弱、实际应用能力差等。但是,高校英语教学模式中出现的问题成因,不仅仅是在教师与学生方面,另有其他方面的外在因素影响,如国家经济发展的不平衡、政治战略要求、文化传统等角度。这些外部因素在教学环境上产生莫大影响,出现区域间的不平衡性。

(一)经济发展不平衡

1980年,划定深圳、珠海、汕头、厦门等为第一批经济特区;1984年,又开放了一批沿海经济开设城市;1985年,开放长江三角洲、珠江三角洲、闽东南地区、环渤海地区等为沿海经济开放区;1988年,设置海南为经济特区;1990年,开发浦东。在40多年的时间内,中国开放格局逐渐形成中国特色,表现出全方位、多层次、宽领域的特点。

在改革开放过程中,国家经济区域发展差别逐渐显现,并呈增大的趋势。虽然国家领导者提出"先富带动后富,实现共同富裕"的目标,努力致力于缩小区域间差距,但是经济发展差异依然存在。在经济发展实力上的不平衡,决定了教育发展的不平衡。教育发展的不平衡,具体到教育实践上,出现了英语教育环境的不平衡性,成为了高校英语教学模式出现诸多问题的成因。

(二)政治发展战略

经济基础决定上层建筑。经济发展的不平衡性,决定了国家政策的倾斜。当今中国在东西部地区,经济实力方面仍然存在巨大的差距。为了缩小差距,国家在政策上,会适当地向西部地区倾斜。如:号召东部地区在经济上帮扶西部地区;在高考录取时,降低西部学子的分数。虽然有东部的经济扶持,且近年来力度不断加大,但东西部之间的在教育环境上依然差距明显。但总体来说,国家在政策上,更多的是把人量的资金、优秀的技术先试行投入大广大的东部地区。在试点成功后方才引进中西部地区。

综合国内外的环境,当前的国家建设上,急切需要更多的高精尖人才。因此,在国家政策上的倾斜正是适用了此种需要。政策性倾斜成为高校英语教学模式出现问题的宏观因素之一。

(三)文化传统

由于中国广袤的疆域,地形类型丰富多样。东部地区多海,经改革开放的发展,已成为人口密集地区;中部地区多平原,自古以来都是人口密集;西南地区多崇山峻岭,自古以来人烟稀少;更有号称"世界第一屋脊"的青藏高原,人迹罕至。不同地形附近的民众,在生活传统各不相同,从而在文化心理上也各不相同。如靠近海洋的民众,在文化心理上较为开放,勇于冒险;而靠近崇山峻岭的民众,则较为保守,安守本分。

此外,明朝时期,在世界文化史出现"西学东渐"的现象,一批西方传教士率先从东南沿海地区登陆,进入内地传教。虽然在明清时期,西方传教士的思想并未对中国广大民众产生过深的影响,但是已经给部分东南沿海地区人民接触西方人的机会。而且由于近代闭关锁国,英法等西方国家的坚船利炮率先在东南沿海地区登陆,迫使此地区的民众最先接触到讲英语等语言西方人。因此,相较其他地区,与西方人的交往时间更为长久。总体而言,在文化传统上,东南沿海地区占据优势。因此,在高校英语教学模式中,东部地区的教学环境上更为开放。而其他地区的高校,在英语教学模式上,不仅在教学环境上处于劣势,而且从学生层面分析,其所出现的问题更多。

高校英语教学模式中存在诸多问题,这些问题的出现制约教学模式的发展。经过对问题抽丝剥茧的分析,在宏观层面,成因主要来自于国家经济建设、政治战略、文化传统上。而从微观层面分析,成因主要来自教学的两个主体,即教师与学生。教师与学生在英语教学模式过程中,不仅存在诸多问题,同时还从中找出许多问题的成因所在。如学生基础、教师能力的不足,成为教学目标、教学内容、教学方法、教学评价上产生问题的根由。

第四章　高校英语教学模式改革的方向、趋势与必要性

第一节　高校英语教学模式改革的方向

一、强调交际能力培养

在现实生活中，英语不仅仅是一门学科，更是一种交际工具，培养学生的交际能力是高校英语教学的重要任务之一。交际能力包括听、说、读、写四个方面，学生需要掌握这些技能才能真正与他人进行有效的交流。通过培养学生的交际能力，他们可以更好地适应社会的发展需求，提高自己的竞争力。传统的英语教学模式注重语法和词汇的教学，忽视了交际能力的培养，现代社会对英语交际能力的需求越来越高，传统的教学模式已经无法满足学生的需求，高校英语教学模式需要转变，注重培养学生的交际能力。这种教学模式可以通过多种方式实现，例如通过角色扮演、小组讨论和实践活动等，使学生能够在真实的情境中运用所学知识进行交流。学生需要在真实的情境中使用英语进行交流，才能真正提高交际能力。教师可以通过组织角色扮演、模拟对话和实地考察等活动，创造出真实的语言环境，使学生能够在实践中运用所学知识。学生需要主动参与课堂活动，积极提问和回答问题，培养自己的交际能力。教师可以通过激发学生的学习兴趣，引导他们主动参与课堂活动，提高他们的自主学习能力。传统的评价方法主要注重学生的语法和词汇掌握情况，忽视了交际能力的评价，交际能力是高校英语教学的核心目标之一，评价方法应该与之相适应。通过口语和写作考试来评价学生的交际能力，口语考试通过模拟对话和实际情境的角色扮演来进行，写作考

试要求学生写一篇真实情境下的交流文本，可以更准确地评价学生的交际能力，促进他们的进一步提高。

二、强化语言输入和输出

当前，高校英语教学中普遍采用的是传统的教学方法，以教师为中心的教学模式，教师主导课堂，学生被动接受知识，忽视了学生的主体性和积极性，导致学生的语言输入不足。在高校英语教学中，一些学生缺乏学习英语的兴趣和动力，只是为了应付考试而学习，导致学生对英语的兴趣不高，不愿意主动去接触英语，从而导致语言输入不足。一些学生的英语基础比较薄弱，无法理解教师讲解的内容，也无法主动去接触英语。在高校英语教学中，学生大多数时间都是在课堂上听讲和做练习，缺乏实践机会。在高校英语教学中学生由于自身英语水平不高，缺乏自信心，不敢在公共场合使用英语。一些教师过于注重语法和单词的教学，忽视了语言输出的训练。采用互动式教学、小组讨论、角色扮演等多种教学方法，激发学生的学习兴趣和积极性，提高学生的语言输入和输出能力。组织学生参加英语角、英语演讲比赛等活动，让学生在实践中提高语言输出能力。教师可以采用鼓励式评价，让学生感受到自己的进步和成就，提高自信心，从而提高语言输出能力。在中小学阶段，应该注重英语听说读写的训练，提高学生的英语基础，为高校英语教学打下坚实的基础。

三、强调文化意识培养

英语是一种文化语言，它的语法、词汇和表达方式都与英语国家的文化、历史和习俗有着密切的关系。如果学生没有了解英语国家的文化和背景，就很难理解和运用英语。文化意识的培养可以帮助学生更好地与外国人交流。在国际交流中，文化差异是一个非常重要的问题。如果学生没有文化意识，就很难理解外国人的思维方式、价值观和行为习惯。这样就会导致交流的不畅和误解的产生，文化意识的培养可以帮助学生更好地理解外国人，并与他们进行有效的交流[①]。文化意识的培养帮助

①游忆．新型网络载体下高校英语写作教学模式创新研究[J]．黑龙江教师发展学院学报，2020，39(9)：154-156.

学生更好地适应未来的职业发展。在全球化的背景下，越来越多的企业和机构需要员工具备跨文化沟通和交流的能力。如果学生没有文化意识，就很难适应这种需求。在英语课程中，教师通过讲解英语国家的历史、文化、习俗等方面的知识，让学生对英语国家的文化有一个初步的了解。组织学生参加各种文化交流活动，如举办英语角、文化展览、演讲比赛等，让学生亲身体验和感受英语国家的文化，增强他们对文化的认识和理解。通过与外国学生或外籍教师的交流，学生能够更好地了解不同文化之间的差异和相似之处。利用多媒体教学资源，如电影、音乐、图片等，来展示英语国家的文化。通过观看电影、听音乐等方式，学生更加直观地感受英语国家的文化氛围，进一步加深对文化的理解。在英语课堂中，教师可以引导学生学习跨文化沟通的技巧，例如尊重他人的文化差异、避免使用冒犯性的语言、学会提问和倾听等。通过这些技巧的培养，学生更好地与外国人进行交流，并避免因文化差异而产生的误解和冲突。教师可以设计一些文化意识的评估任务，例如写作、口语演讲等，让学生运用所学的文化知识来表达自己的观点和理解。通过对学生作品的评估和反馈帮助学生发现和纠正自己的文化误解，进一步提高文化意识的培养效果。

四、强化评价和反馈

通过评价和反馈，教师可以了解学生在英语学习中的掌握程度、学习进展以及存在的问题和困难。通过课堂测试、作业评价、口语表现等方式对学生进行评价，从而了解学生的学习情况。通过与学生的互动交流，了解学生对教学内容的理解和掌握情况。通过评价和反馈，教师及时发现学生的学习问题，针对性地进行教学调整和辅导，提高教学效果。学生在学习过程中，需要得到一定的反馈和肯定，以激发学习的兴趣和动力。通过及时的评价和反馈，学生可以了解自己的学习成果和进步，增强自信心，激发学习的积极性。评价和反馈也可以帮助学生发现自己的不足之处，从而有针对性地进行学习调整和提高。学生在得到及时的评价和反馈后，会更加主动地参与到学习中，提高学习效果。评价和反馈是教学过程中的一种监控和调整机制，帮助教师及时发现和解决教学中存在的问题，提高教学质量。通过评价和反馈，教师了解学生对教学内容的掌握情况，及时调整教学方法和策略，提高教学效果。教师通过评价和反馈了解学生的学习需求和兴趣，根据学生的特点进行个性化教学，提高教学质量。通过评价和反馈学生了解自己的学习情况和不足之处，有针对性地进行学习调整和提高。学生在得到及时的评价和反馈后及时纠正错误，加强巩固，提高学习效果。评价和反馈帮助学生发现自己的学习方法和策略是否合理，调整学习方式，提高学习效果。通过评价和反馈，学生更好地掌握英语知识和技能，提高学习成果。

五、提供个性化学习支持

个性化学习支持帮助学生更好地了解自己的学习风格和学习需求。每个学生的学习风格和学习需求都是不同的。有些学生可能更适合通过听力来学习，有些学生可能更适合通过阅读来学习。有些学生可能需要更多的练习来提高口语能力，有些学生可能需要更多的阅读材料来提高阅读能力。通过提供个性化学习支持帮助学生更好地了解自己的学习风格和学习需求，从而制订更合适的学习计划。每个学生在学习英语时都会遇到不同的困难和问题。有些学生可能在语法方面有困难，有些学生可能在听力理解方面有困难。通过提供个性化学习支持，教师可以根据学生的具体情况，针对性地帮助学生解决学习困难。对于语法困难的学生，教师可以提供更多的练习和解释；对于听力困难的学生，教师可以提供更多的听力材料和技巧。个性化学习支持可以帮助学生更好地提高学习动力和兴趣。学习英语是一个长期的过程，学生需要有足够的动力和兴趣来坚持学习。通过提供个性化学习支持，教师根据学生的兴趣和爱好，设计更有趣和有意义的学习活动。对于喜欢音乐的学生，教师使用英语歌曲来帮助学生提高听力和口语能力；对于喜欢电影的学生，教师使用英语电影来帮助学生提高听力和阅读能力。通过提供个性化学习支持，教师帮助学生建立自主学习的习惯和技能。教师鼓励学生自主选择学习材料，自主制订学习计划，自主评估学习成果。通过提供个性化学习支持培养学生的自主学习能力，使他们能够在学习英语的过程中更好地独立思考和解决问题。

第二节 高校英语教学模式改革的趋势

一、以学生为中心

每个学生的学习能力和学习方式都有所不同,因此教师应该根据学生的个体差异,采用不同的教学策略和方法。对于口语能力较弱的学生,教师可以采用小组讨论、角色扮演等互动性强的教学活动,以提高学生的口语表达能力。对于阅读能力较弱的学生,提供更多的阅读材料和阅读技巧,帮助学生提高阅读理解能力。通过针对学生个体差异的教学方法,能够更好地满足学生的学习需求,提高学习效果。学生在学习英语的过程中,如果感到枯燥乏味,缺乏兴趣和动力,就很难取得好的学习效果。教师应该注重培养学生的学习兴趣,激发学生的学习主动性。通过多样化的教学活动和教学资源,如游戏、音乐、影视等,使学习过程更加有趣和生动。教师还可以鼓励学生参与课堂讨论和互动,培养学生的自主学习能力。通过激发学生的学习兴趣和主动性,能够提高学生的学习积极性,促进他们在英语学习中的成长。高校英语教学不仅仅是为了学生能够掌握一定的英语知识和技能,更重要的是培养学生的综合能力。以学生为中心的教学方法注重培养学生的自主学习能力、合作能力、创新能力等,使学生能够在实际应用中灵活运用所学知识。教师可以组织学生进行小组项目研究,让学生在团队合作中学习和解决问题,培养学生的合作能力和创新能力。通过培养学生的综合能力,能够使他们在未来的学习和工作中更加具备竞争力。

二、引入多媒体技术

多媒体技术可以提供丰富多样的教学资源,如英语学习视频、英语听力材料、英语阅读资料等,帮助学生进行自主学习。多媒体技术提供更加直观、生动的教学内容,激发学生的学习兴趣,提高学习积极性。多媒体技术提供互动性强的教学环境,学生可以通过点击、拖拽等操作与教学内容进行互动,增强学习效果。多媒体技术提供个性化的学习方式,学生可以根据自己的学习进度和兴趣选择适合自己的学习内容和学习方式。通过播放英语听力材料,学生可以更加直观地感受到英语语音的节奏和语调,提高听力理解能力。通过播放英语口语材料,学生可以模仿和跟读,提高口语表达能力①。利用多媒体技术进行英语阅读教学,通过展示英语阅读材料,学生更加直观地理解文章的内容和结构,提高阅读理解能力。利用多媒体技术进行英语写作教学,通过展示英语写作范文和写作技巧,学生可以更加直观地了解写作的要点和技巧,提高写作水平。

三、强调实践能力培养

通过听力训练和口语表达练习,学生可以提高听懂和流利表达的能力,通过多样化的听力材料和实践性的口语活动来实现,例如听取真实场景的录音、参与小组讨论和角色扮演等,帮助学生更好地理解和运用英语,增强他们的实践能力。通过阅读和写作的实践,学生可以提高阅读理解和写作表达的能力,设计各种实践性的阅读材料,如新闻报道、学术论文和实际应用文等,让学生进行阅读和分析,并进行写作练习,帮助学生更好地理解和运用英语,提高他们的实践能力。通过翻译实践和跨文化交际活动,学生可以提高翻译和跨文化交际的能力,设计实际的翻译任务,如新闻报道的翻译和商务文件的翻译等,让学生进行翻译练习。教师组织跨文化交际活动,如模拟商务会谈和文化交流等,让学生在实践中学习和应用英语。这样的实践性活动可以帮助学生更好地理解和运用英语,增强他们的实践能力。

第三节　高校英语教学模式改革的必要性

随着经济全球化和政治多极化的趋势日益显著,改革开放后的中国

①黎琰.大数据时代高校英语教学改革策略探讨[J].现代英语,2022(20):13-16.

经济蓬勃发展，吸引了全世界的目光。直到今天，在全球经济危机爆发后缓慢复苏的背景下，中国的经济发展已经迈进新时代。2013—2021年我国对世界经济增长的平均贡献率达到了38.6%。在国家供给侧结构性改革进行过程中，经济发展速度趋于缓和，从快速增长到中高速增长，从重视速度转移到重视经济发展的质量上来。经济的快速发展，直接带动了国家和社会的蓬勃发展，这使得国际间的经济文化交流日益频繁，语言的互通成为了十分重要的话题。英语是世界上使用最广泛语言，在全球具有普遍适用性，而且是各国经济、政治、文化交流的重要的传播媒介。早在改革开放的初期就在社会上掀起了一股"英语热"的学习浪潮。在这样的社会背景下，从孩童受教育那一刻起，我国的教育体系就将英语教学都摆在一个至关重要的位置，学英语歌，练习读音，高校学生刷美剧，由此可见学英语的热情居高不下。除此之外，整个世界的大环境对大学生的英语能力的要求也越来越高，英语成为越来越重要的沟通、交流、传播工具。无论从适应社会形势、学习成长、就业择业还是形成个人价值观的层面，英语以及英语文化都扮演了非常重要的角色。

一、关于文化多样性与文化全球化的观点概述

全球化是当今世界不可逆转的发展趋势和不可阻挡的浪潮。人类科学技术的巨大进步和社会经济的高速发展促进了世界各国人民日益频繁的交往和更加紧密的联系，加快了经济和文化全球化的进程。不同国家和不同的民族都有着各自不同的文化，文化具有多样性，不同的文化都有着自身独特的魅力，在国际间的人际交往中，不同的文化背景下，人们不可能回避文化差异，人们如果不了解外国文化，即使外语语言能力强，但是仍然不能够进行有效的交流，其中可能会导致非常多的误会，把双方都推到无比尴尬的局面中。所以在用外语进行交际中，必须了解国外文化。只有这样才能达成有效和顺畅的交流，才能使英语语言的学习更有意义。英美文化和中国文化差异很大，交流风格也具有显著差异，从打招呼和穿着方面可知，即使是细微的言语行为也会有差异。然而现行大学英语教育模式对文化了解和学习的要求相当稀少，很多大学的大纲中都没有包含文化的教学计划。随着大学教育体制越来越松散，能够

完整的落实大纲教学要求已经实属不易，更何况跨文化教学本就是一个教学难点，仅仅依靠短暂的、稀疏的、松散的大学课堂无法达到学习文化的教学要求[①]。由于大学教师本身的文化素质的限制，他们没有把文化当作英语教学中的一个重要的因素，并且很多大学教师缺少机会去其他国家体验他们的文化，归根结底是缺乏跨文化交流意识。这种意识的欠缺表现在教学活动中，使得大学英语课堂索然无味。大学生的学习兴趣和热情在一点点的丧失。首先，大学英语教材中对于文化的渗透也远远不够。以大学生们最基本的四、六级等级考试为例，大学英语四、六级考试本应该是测量学生对英语语言以及英语文化的掌握程度，而不仅仅是高考英语试卷的升级版。在四、六级考试中，不了解外国文化也并不会太多的影响学生们的成绩。再加上各种培训机构对四、六级考试的各种程式研究，导致大学生对四、六级考试产生严重误解，以为掌握更多的“套路”就可以轻松通过考试，更加不会扎根于英语学科进行深入的文化研究。大学生不会重视对于外国文化的学习，所以大学生的英语沟通能力弱似乎理所当然。其次，我们必须清楚的认识到，语言教学与文化教育是紧密的，不可分割的。语言教学的其中一个分支就是语言文化教学。而在我国的高校教育体制中，由于学习考核的难度和人们认知的不足等主客观因素的影响，这一方面往往被忽视了。学习语言就是为了交流，然而这其中少不了沟通，所以在大学英语教学模式的改革其中最重要的就应该是重视文化教学和引导，让每一个大学生都能在积极向上的沟通和交流中积累更多的文化知识，从而把碎片化的英语知识整合成知识系统，这样的毕业生才能满足这个时代和社会的多样化需求。

文化全球化是指各国文化在世界范围内互相融合，优胜劣汰之后逐渐形成的具有普世性特点的文化。民族的文化也是世界的文化。文化是传承的，是社会遗留下来的产物，文化传播和传承的渠道和方式多种多样。即便是在文化全球化的时代背景下，我们也不能随随便便丢失自己的文化，同时也应该尊重他人的文化。无论是传承本国文化，还是学习他国的文化，言语交际都是绝佳的学习方式。文化和交际是相辅相成

①王婷婷．互动式教学模式在高校英语教学中的运用[J]．校园英语，2021(40)：91-92.

的，文化是社会交际的主要内容，而交际可以使文化延续下去。文化是非常强大的，具有普世价值的文化在不同的社会背景下都可以很好的适应。不同文化背景下的人们想要能够进行很好并有效的交流，首先要学会了解他人的文化，尊重他人的文化，承认文化之间的差异。从这个角度来看，语言本身就是一个复杂的知识系统，它可以是理解文化的工具，可以是展示文化的技能，同时语言本身就是一种文化。所以英语语言的学习如果仅限于技能的学习，那便太狭隘了，这样机械化的学习不仅不能够帮助我们进行交流，不能解决我们遇到的问题，而且产生由于文化差异而造成的“美丽”的错误，这样方式习得的英语究其根本还是缺少了其最基本的本质性。这种学习方式所得到的效果也只是学习了英语语言系统的皮毛，尚无法触及文化的本质。文化和语言有着不可分割的关系，缺少了文化的英语教学不是完整的和准确的。了解英语国家的风俗习惯、生活方式、思维方式、价值观念等文化因素对于学习英语非常重要。大学英语教育要注重教师的文化渗透意识，培养学生的文化意识，把文化学习贯穿于语言学习之中。不仅要在教学环节改进教学模式，同时也要改进四、六级这些等级考试，在等级考试中加入更多的英美文化因素，通过改进考核评价的标准从而更全面的提高学生的国际语言交往能力。只有这样，当学生们走入社会，走进职场，才不会因文化的差异而产生不必要的矛盾，才能真正成为会英语、懂英语的高级人才。

二、保持文化多样性的必要性和迫切性

文化多样性不仅是人类社会的基本特征，也是人类文明进步的重要动力。人类创造了久远的历史，也创造了绚烂斑驳的文化，不同部落之间，不同国家之间，不同种族、民族之间形成了不同的习俗、传统（包括行为习惯和语言习惯）、心理特征等文化表现形式，这些文化在历史的长河中不断发展、变化，形成了人类独特的一道风景线。文化的发展和繁荣是衡量一定时期社会风尚和社会文明程度的一把尺子。文化的传承关乎人类命运的前途与未来，没有文化传承的民族和国家就是没有灵魂。没有核心价值观的民族和国家就很难在全球化的今天立足。现今社会，为了在国际竞争中能够占据一席之地，很多拥有先进文化的民族都懂得

利用文化渗透和文化输出达到竞争的目的。因此，若一个民族没有长久以来一以贯之的文化定力做支撑，很容易被其他文化价值观所同化。这对于民族和国家来说，都是前所未有的灾难。坚守和弘扬本国优秀文化成为各国之间的共识，纷纷抓实文化保护和文化资源的开发。以文化符号集合体开发最为成功的好莱坞为例，它所生产的每一部电影都集聚了美国式的文化价值观，吸引全世界范围内的影迷趋之若鹜。归根结底这是一种文化崇拜。好莱坞电影的广泛传播，使得我国国内的核心价值观被扰乱和改写，国人纷纷崇拜“蜘蛛侠”“美国队长”等虚拟的电影形象，早已经忘却本国文化中的“孙悟空”“大禹”等英雄人物的存在。从好莱坞这个现实例子我们可以学习，文化的多样性的保护与开发对迎合全球化和文化多样化变得至关重要。

强调文化多样性并不是一帆风顺的，保护文化多样性以及在阐释文化多样性的同时，也面临着严峻的挑战。比如欧美式的注重资本的建立和享乐式的物质追求模式在照搬到许多国家尤其是许多发展中国家和地区的时候，遭遇到了阻碍甚至失败，更甚者造成了更大的灾难。文化的多样性本就是在不同的文化土壤中孕育而成的。不同文化要想进行互通和融合，就要克服文化间的疏离感和排斥反应。强调文化多样性的目的是为了繁荣人类文明，提升世界范围内的人类素质，而不是导致种族、民族的地域隔离，终极目标则是要人类的共同发展与人与自然的和谐相处。

文化多样性的开发和保护没有得到充分的吸收与利用。这是由一定的历史条件所局限的。文化多样性是在发展中可以选择性吸收和利用的，而人类利用的目的，则是为了对话学习，实现文化的发展和文化的可持续。文化多样性可以构建新的文化，也可以增强社会的凝聚力，减少甚至避免因民族、阶级等文化差异造成的巨大矛盾冲突。

人们从不同的角度出发对文化的认识，即不同种类的文化也就是文化的多样性有着各自不同的理解，不能完完全全一致。但是即使仍没有形成共识，人们也应尊重这种差异性。文化本就是某一固定区域在一定的历史时期形成的社会生活的全部。因此这种差异性是天然存在的，不可能存在完全一致的文化现象。而现阶段我们提倡的文化融合是一种包容的文化现象,而不是完全吸收异性文化,排斥自身文化的理念。因此,在进行文化资源的开发和传播的过程中,一定要正确把握自身文化与外来文化之间的关系,切不可主次颠倒。

文化多样性意味着既要认同我们自己的民族文化,尊重我们的民族文化,培育发展好我们的民族文化,同时也必须要尊重其他的民族的文化,吸纳各民族的优质文化资源,在文化交流中民族之间要相互借鉴,求同存异,尊崇文化多样性,推进人类文明共同进步。国际文化交流中,要承认世界的文化多样性,保持自我民族的个性,不随波逐流,共同促使世界文化的繁荣。除此之外,我们还应该明白,发展文化多样性,吸收优质的外来文化,这一行动的本质是要对自身文化的一种自我完善和发展,使其能够更好的适应和满足时代和人类的要求。发扬文化多样性不仅能够满足文化长远发展的要求,同时也能够在短期内提出带来经济效益和社会效益。通过培育文化增长点来抢占世界领域的一席之地,这种做法显然更加高级、更加长远、更加稳定。

尊重文化多样性是发展本民族文化的内在要求,是实现世界文化繁荣昌盛的必然要求。任何一种文化系统都是开放的,封闭只能导致落后,直至被社会淘汰。国家之间互相尊重他人的文化,可以提高各种文化的生存力和竞争力。随着全球对优质文化需求量的不断增加,文化多样性可以带来经济多样性。长此以往,这种发展可以带动更多领域的发展。民族文化是民族身份的重要标志,实现本土文化和国外文化的融合发展,是实现各国文化的共同发展,相互促进的手段。坚持取其精华去其糟粕的原则,大学生在高校英语的学习中,应该调动自身的文化体验,切身感受到各国文化的不同。同时要尊重他人的文化,在与英美人士进行沟通的时候发扬求同存异。只有将言语交往建立在彼此了解和尊重的基础上,才能实现有效沟通。至此,文化的交流才会更有意义,国际双方才能合作的更好,文化全球化才能真正促进经济全球化。

第五章 国外高校外语教学模式现状与成功经验

为了促进高校外语教学模式能够适应社会发展趋势，培养具有国际竞争力的综合型国家人才，国外高校一直在进行外语教学模式的改革和探索。高校外语教学模式的选择关乎高校学生的外语学习质量和效率，进一步影响国家经济、政治、文化、贸易等方面的发展，甚至影响国家安全、传统文化的传承和国民素质的提高。为了解决我国高校外语教学模式和教学效果不太理想的问题，我们必须了解并虚心向国外高校借鉴它们在外语教学模式方面的成功经验，从而有效提高我国复合型人才的外语水平，增强他们的外语实战能力，使他们更好的立足于当今激烈的竞争市场中。本章首先介绍国外高校外语教学模式改革的背景，然后探讨国外高校外语教学模式的实践和创新，最后论述国外高校英语教学模式的启示和经验。

第一节 国外高校外语教学模式改革的背景

近几年来，随着经济全球化和网络化的迅猛发展，全球各个国家之间的联系也越来越频繁、越来越紧密，因此，外语对各个国家来说至关重要，外语的教学水平和外语的学习情况也就越来越受到各个国家的重视。各个国家为了提升外语的学习水平，培养更多、更优秀的复合型人才，都把高校外语教学模式改革放到了重要的位置，各个国家都在不断革新自己的外语教学模式，从而有效增进本国对他国的认知程度和了解程度，有效促进本国经济的发展，使本国能够在国际竞争中最终处于有利位置。另外，高等院校的学生最终都是要走向社会，投身于各个工作岗位中，外语的学习程度对他们将来的工作一定会有较大程度的影响。因此，对于每个国家而言，高校外语教学模式的改革尤为重要。

一、国外外语教学模式改革的必要性

20世纪50年代之后，世界各国的科学技术水平迅速发展，各个国家的教学水平在世界各国科技的进步、经济的繁荣和发展中都起到了非常重要的作用。20世纪80年代以来，各个国家在各自的教学模式改革中把对外语教学模式的改革提升到了相当关键的地位，世界各国纷纷加强对外语教学模式的改革力度和改革水平，从而有效增进本国对他国的认识程度，能够在竞争中占据优势地位，推动本国经济水平的发展。因此，随着社会政治、经济的不断发展，必然会对文化的要求更加严格，从而推动文化也向前发展。而外语教学作为文化发展的重要组成部分，在现有外语教学水平还不能达到社会发展的新要求时，必然会促进外语教学模式不断地向着社会发展的方向进行改革、不断地进行调整。

21世纪是一个国际化时代，同时也是一个竞争非常激烈的高科技时代。它的主要特征是经济全球化、高度信息化和世界多极化①。因此，作为21世纪的人才，我们应该具有扎实完备的专业知识体系、相对较高的专业素养，以及不管在工作中还是生活中随时能够用外语与他人正常交流和沟通的能力。许多国家已经发现外语学习对国家发展的重要性，开始逐步探索新的外语教学模式，并逐步对外语教学进行调整和改革。

为了能够培养出更多符合本国条件要求的人才，国外的外语教学模式已经不再是孤立的、纯粹的外语教学模式，而是将外语教学模式和非语言教学的内容连接在一起，这里的内容教学既包含学生在学校期间所必须学习的各门学科的教学内容，也包含学生个人比较有意愿去学习的非学科内容，发展到今天更包括学生步入社会之后所需要的外语实践技能。

除了社会的发展对外语教学模式提出更高的发展要求之外，外语教

①张兴，冯洪真．多维互动教学模式在高校英语教学中的运用探讨[J]．现代英语，2021(18):43-45.

学本身的进步和发展也要求国外的外语教学模式必须进行进一步的调整和改革。因为该模式本身的发展已经关系到了诸如教育学、心理学等非语言学科的发展。

二、国外外语教学改革历史发展

目前,外语在许多国家的大学采用了语言内容相融合教学法,即在高校非语言学科的教学过程中将外语当作主要的教学语言,给外语学习者提供外语氛围。各个国家因为实际的教学模式不同,往往都会根据自己的实际情况,选用最适合自己国情的外语语种来进行非语言学科的教学。在芬兰的一些规模比较大的职业院校中,像在旅游管理这一类的专业领域,使用法语或者西班牙语言进行授课;在奥地利、芬兰、德国等国家的高校中,地理课、历史课、音乐课或者体育课,都可能利用英语来教学;在卢森堡,很多科目的教学语言多选择使用德语和法语。通过"语言和内容相融合"的教学方式之后,各个高校发现,这样的学习方式对学生成绩的提升和上课的积极性的激发是最有效的,因为这样子的教学方式可以在学习其他科目时顺便学习外语,学生能够在课堂的教学环境中得到外语实践和交流的机会。

我们的邻国日本,一直以来也在努力的寻求外语教学改革的方向。随着信息产业的不断兴起和蓬勃发展,我们已经步入信息社会,日本也开始认识到自己在外语教学方面的不足,摒弃之前"填鸭式"的外语教学方式,特地增加听、说能力的考察。日本也深知运用能力差将会带来的后果,特地将学生的交际能力培养确立为一项"重要课题",从而提高全体国民的外语素养,提升专业从事外语工作的工作人员的外语能力。

欧洲各国外语教学模式的改革效果也非常明显。20世纪90年代后期发表的《欧洲语言教学评估共同纲领》一文,成功引发了欧洲各个国家外语教学模式改革的热潮,它不仅强调了外语教学模式的质量,还强调了外语语言的多样化。纲领明确规定了每个公民除母语外还要学会两种语言。经过多年的努力,欧洲的外语教学提供了更加丰富多样的外语语言课程,形成了多种多样的语言文化氛围。

从以上各个国家的外语教学改革中可以明显看出,各个国家的外语教学模式在指导思想、教学内容、教学手段等方面都在不断实现创新与发展，只有不断的与社会的发展相迎合，才能保证高校所培养的人才是符合社会发展所必须的，才能更加有效、快速的推动社会向前发展。

第二节 国外高校外语教学模式的实践与创新

一、强调外语课堂设置的针对性

国外高校外语教学的针对性是指很多国外高校会专门针对所开设的外语课程增加一些外语选修课，并且选修课上全部使用该外语来交流，促使学生通过实践来应用外语，使自己得到锻炼。很多国外高校专门针对外语教学开设了外语文化、文学赏析、电影赏析、应用文写作、国际政治、经济、军事热点问题的探讨等等课程。这些选修课不仅可以让学有余力的学生、有兴趣爱好的学生、有选择就业或继续升学打算的学生，甚至外语比较薄弱的学生各取所需，针对自己的长处或者弱点，有针对性的选择课程来学习。

拟定完备的外语课程标准或指导框架，国外高校外语教学非常注重设立标准的知识体系框架，这样有利于帮助外语教学朝着预先设定的、明确的轨迹发展。例如，澳大利亚在1991年就发表了《澳大利亚语言水平指南》，提出5个语言教学的目标，分别是：交际、社会文化、学会学习、语言和文化意识和普通知识。《澳大利亚语言水平指南》对每一个教学活动、实现每一个教学目标的途径等都给出了非常详细的参考标准。国外外语教学模式不仅仅局限于之前的注重语言知识的讲授，而是逐渐转变为语言知识的传授和语言技能并重，主要培养外语学习者能够将所学的语言运用到日常交往中去的能力。为了鼓励学生能够有针对性的做到练习，每一个单元都会通过设置一些情景、小组活动、猜测游戏等来鼓励学生在交往中进行广泛的实践，从而得到很好的锻炼，进一步培养外语学习者的社交能力。

二、强调外语教学政策的连续性

外语教学政策即为由国家政府统一制定的包含所要学习的外语语言种类、外语教学费用的投入、外语语言所处的地位和外语语言在课程中所占比重等各方面的详细规定的文件措施。通过局部统一的外语教育政策，将国家在不同时期对外语人才的不同要求最大限度的融入其中，从而达到不同时期国家对人才的不同程度要求，有效保障外语教学模式与时代要求的同一性，也是国外高校的外语教学模式的成功经验之一。外语教学政策的作用最早可以追溯到二战的过程中，当时很多国家为了能够处理本国军队在境外打战时的语言不通的问题，制定了能够让本国士兵快速学习并能够应用到的外语教学政策，广泛推广快速句型教学方法，向国外大量输送了参加作战的精通外语的人才。从二战之后，不管是中央集权国家还是地方分权国家，都会通过行政命令的方式将政府、教育机构，甚至上级制定的外语教学政策，自上而下的进行传播并落实贯彻。

有关外语语言的政策制定和外语语言的发展计划实际上是政府行为的一部分，是一个国家对外语教学进行管理的重要方式，不管是对国家的和平统一、民族的安定团结还是经济的蓬勃发展都有着重要的影响作用①。尽管各个国家的政治体制、历史文化、风俗习惯和教学模式可能会完全不相同，但是各个国家都完全意识到了外语教学模式的关键性，每个国家都按照本国的实际国情出发，制定适合自己国家国情的外语教学政策。

（一）凸显国家安全的美国教学政策

由于美国人都比较崇尚自由，能够尊重个性的发展，喜欢追求个人的成功，因此美国的教育自然把人的发展当作教育的起点和终点。但是，同时它又是一个世界政治和经济的强国，一直以它的“霸权主义”“强权政治”称霸全球。它的外语教学政策必须在反映个人的前景的同时，反映出其能够关注国家安全的另外一方面。从美国历史上所拟定的一系

①聂鹏丽，肖丽娟．“双创”背景下高校商务英语函电教学模式分析[J]．科学咨询（科技·管理），2021(9):195-196.

列关于外语教学的政策上，完全可以观察出美国在外语教学过程中对国家的政治、经济、军事、外交等安全方面的考虑。首先是苏联的科学技术领域的成功威胁到美国的全球科学地为和政治地位，美国于1958年发表了《国防教育法》，第一次将外语教学提升到了与化学等学科一样重要的高度。1996年，美国外语教学委员会公布了《外语学习标准：为21世纪作准备》，并在1999年重新修订，所包含的领域延伸到高等学校的外语教学，表明美国政府已经认识到国民外语素养的培养对本国经济发展和确保国家安全的重要性。“9·11”事件，使得美国的国家安全意识更加强烈，2002年5月发表《超越9·11：国际教育的国家综合政策》，目的是为了外语教学模式的更新，培养拥有跨文化素养、技能也比较熟练的人才，同时也大力发展大学生的外语教学工作，使得美国拥有更多高水平的外语能力者。2006年发布的《引领全球的教育：国际研究与外语教育对美国经济和国家安全的重要性》，充分体现出美国想要通过外语教学促进国家的发展，提高自身在国际竞争中的能力，增强国家安全性的重大战略目标。

（二）突出外语素质提高的英国外语教学政策

英国有着悠久的辉煌历史，是一个古老的过度，是一个多元化的国家，光伦敦这个国际化大都市就汇集了300多种语言，因此，英国外语教学必须要既考虑与他们交往比较多的讲法语、德语、西班牙语、意大利语等邻国的语言，也要顾及汉语、俄语、日语等主要语种。只有将这两者都顾及到，才能有利于英国国民与他国进行贸易、文化等交往中的交流，才能增进不同种间的相互理解，加强英国国内的社会和谐程度。近年来，提高教育质量和公民的技能水平，已经成为了英国政府目前的工作重点。它的目标是能够提高语言教学水平，不仅仅是母语教学水平，还包括外语教学水平。在20世纪90年代末期，英国发表了《全国外语教学大纲》，此大纲让英国人认识到外语教学对个人、社会、国家的重要性。2002年，全国语言教育指导小组发表了《外语教育发展战略》，目的是能够提升国民的外语素养。英国政府清楚的意识到了学习外语对个人发展的促进作用，学习外语既有利于国民心智的发展，又能提高他们的认知能力。只有学好外语,才有能力研究其他国家的传统文化、风土人情,能够更加深入的学习和理解本民族的历史文化。

(三)荷兰外语教学政策凸出经济发展

荷兰面积狭小,原材料比较缺乏,但是它位于许多大国中间,面对这样的自然环境,荷兰政府一直都在制定外语教学政策来促进本国的经济发展。面对政府部门和社会各行各业中现有的外语人才比较稀缺的问题,荷兰政府积极采取措施鼓励各行各业依照“国家行动计划”,加强外语教学能力,提升外语水平。

(四)多元文化下的澳大利亚语言政策

在澳大利亚,土著人民使用的语言约有150种,移民使用的语言大约有70~100种,所以说,澳大利亚语言资源十分丰富。面对如此丰富的语言资源,澳大利亚为了实行多语言教学,于1987年出台了《国家语言政策》,是其有史以来第一项正式的官方宣布的语言政策,同时也使得澳大利亚彻底结束了使用一种语言的历史。澳大利亚政府认为所有的语言应该一律平等,这些语言对学生来说都有同等的作用,他们可以根据自己的情况选择自己想要学习的外语,政府也充分尊重学生的选择。澳大利亚的外语教学政策充分体现了其既注重学生的文化、个性、教育和知识的学习,也注重提升学生对所学习的外语的敏感程度和理解运用的能力,更注重于引导学生理解和把握其他语言文化的价值所在,最最重要的是注重于国家政治、经济、外交的发展。澳大利亚的语言教学政策的制定和实施是有显著效果的,根据本国国情,将多元化的民族黏合在一起,改变了过去“单一英语”的现状,增强了本国的国际竞争力,得到了各国语言学家的高度赞扬。

(五)四大语言群体下的新加坡语言政策

新加坡是一个由华族、马来族、印度族和其他民族四大群体组成的,面积只有600多平方公里的国家。新加坡人的母语和社会通用语言数目众多,新加坡的母语群有25种之多。新加坡是一个多元种族、多元文化、多元宗教和多元信仰的国家,这也就注定了新加坡国家语言的多元性。新加坡推行的是“双语制”和“多语制”并存的语言政策,“多语制”是因为新加坡各个民族大多都讲的是本民族自己的语言,所以英语、华语、马来语和泰米尔语这四种语言被列为马来西亚的官方承认的语言。“双语制”是因为新加坡政府规定在小学阶段进行双语教学,即英语和母语教学相结合。为了能够打破各个民族之间交流较少和减少不和谐问题的发生,为了能够破除各种语言之间的隔阂,新加坡政府将英语作为连接四大群体的语言和团结各个族群的桥梁。目前新加坡将英语作为工作时使用的语言,马来语作为局域象征意义的国语,四种官方语言同时存在,堪称成功定义语言政策的典范。

三、注重外语教学课程标准的同一性

国家外语课程标准是国家管理和评价外语课程的基础,能够根据外语课程标准进行外语教材编写、进行教学评估,也是测评时拟定试卷的依据,同时也反映出了国家对不同阶段学生的不同要求。对于不同的年龄层次,国家所要求掌握的知识技能水平、解题的过程和方法、以及价值观等方面都有着不一样的要求。国家外语课程标准也明确规定出各门课程的教学性质、教学目标、教学内容、知识框架,提出了相关的教学评价和建议。国外外语课程的改革之所以如此成功,还有一个原因是他们比较注重外语课程标准的规划和安排,通过为各级各类地方院校根据本地方实际情况和学校教学水平,有针对性的提供外语课程教学指南。例如,1988年澳大利亚发表的《澳大利亚语言水平计划》提出了课程综合教学模式,其中不仅包括语言共性还包括对教师发展计划的详细安排,给各个地方院校提供了统一的标准;1993年,美国发表了《新外语学习标准》;1996年欧委会撰写了《现代外语:教学、学习、评价——欧洲共同课种指南框架》,巧妙地将学业成果和教学标准有机联系起来,为之后各国制定外语教学标准提供了很好的理论依据。

我国的外语教学课程从1985年以来就使用“一纲多本”和“多纲多本”的形式,到了20世纪90年代,教育部为了全国外语课程内容的平衡性、综合性和选择性,决定统一安排课程的教学计划和外语教学的课程。国家会统一编定和审核课程大纲的内容、教学计划安排和上课使用的教材。高校外语老师应该多多关注和掌握国内外有关外语课程教学指导框架的动态,根据我们国家统一规定的外语课程标准。结合当地政治和经济发展的实际情况,编写或使用作者撰写的地方外语教材,制定各门课程的教学目标和教学要求。以全面适应外语课程改革的需要。

四、提升外语教学模式的灵活性

教学策略是在教学目标已经明确之后,根据已经决定好的教学任务和所教授的学生的总体水平,有针对性的选择或者搭配最适合学生的教学内容、教学组织形式、教学方法和教学技术等,最终形成最有效率和最完备的符合外语课程标准的图学方案。国外较为成功的外语教学改革,其中最主要的就是转变古老的的单一化教学模式,实现外语教学策略的创新,同时能够充分利用本校学科的优势来学习外语语言,提高他们的兴趣、促进他们的积极性。例如,加拿大创立的将学科和外语融为一体的新型双语教学方式,现在已经演变为半浸入式、全浸入式、双向浸入式等多种外语教学模式。荷兰、英国、美国、法国等一些国家,利用主题演讲、情景设计、课堂游戏等活动形式模拟现实中的外语环境来锻炼学生的阅读能力和外语社交能力,从而实现外语交际能力的积累。荷兰和丹麦格外看重学生的个性特点和学习风格的培养,也是专门制定有效的学习策略和教学方法来保持学生的个性特点和学习风格。

近几年,我国也逐渐地对外语心理学和外语教学策略的研究比较重视起来,先后出版了很多关于外语教育学和外语语言心理学等方面的学术书籍、杂志。在一些经济较为发达的地区,如北京、西安、上海、深圳等地区也进行了一些双语教学试验。我国的高校外语教师应该坚持“理论联系实际的原则”,依据心理学和教育学的基本原理和技巧,根据每个外语学习者的不同性格和不同的学习方式,不断对教学策略进行分析和调整,把教授外语知识内容与培养良好的学习态度以及提高沟通合作的能力三者有机组合在一起。与其他发达国家相比,我国高等院校通过多媒体技术进行外语辅助教学还没达到理想中的普及程度,使用方式和教学内容也较为单一,没有达到丰富多样。高等院校的外语教师,应试图努力去探寻能够适合现代外语学习者的教学规律和教学方法,充分将各种现代的科学技术工具引入课堂教学中,最大程度引起学生的学习兴趣和学习热情，提高学生的学习效率。

第三节 国外高校外语教学模式的启示与经验

随着中国提出“一带一路”构想，成功举办G20峰会、上合青岛峰会等世界级活动和会议，我国的国际地位显著上升，和世界各个国家的经济、贸易往来越来越频繁，我们比历史上任何时期都应该学好外语，因此，很有必要借鉴国外高校英语教学模式的成功经验，使得我国高校的英语教学模式也能够更好的体现我国高校英语学习的水平。

一、不断寻找符合我国基本国情的教育政策

外语教学政策必须适应我国社会发展的需要，而我国当前的外语教学政策还不能完全适应我国社会发展当前的需要。比如，我国社会其实需要同时具备听、说、读、写四方面能力的综合型人才，但我国的大学英语四、六级考试通过之后却不能保证同时具备听和说的能力。此外，在大学时要求学生考四、六级，毕业时企业也会要求学生的四、六级证书，可以说，四、六级考试在很大程度上并不能完全适应我国社会发展的需要，尽管一直以来四、六级都在进行改革，但是这一问题仍然是存在的。

二、积极推进双语教育

近十年来，中国先后在北京、上海、深圳、西安等一些经济比较发达的城市进行了一些双语教育实验，但是主要是在幼儿园和小学低年级进行实验，现在已经形成一定的规模，也产生一定的影响，受到社会各界的广泛关注。实践证明，这种双语教学模式较好的解决了我国学校传统外语教学模式缺乏外语实践环境的问题。要想积极推进双语教学，关键是要先解决好下面的三个问题：一是加强对国外双语教学理论和时间的研究，虚心学习国外成功的双语教学模式，并结合我国的现状逐步形成中国式的双语教学理论；二是进一步扩大双语教学的实施范围，在有条件的地区和高校实施双语教育；三是集结各行各业的专家、优秀学者和优

秀教师共同编写符合我国教学大纲的高质量的教材。

三、提升外语教师素质

国外对外语教师教育通常采用开放模式，对教师的知识扩展和教学能力的培养比较重视，特别是教学科研能力的培养，使得教师队伍能够拥有终身学习的能力。目前，我国高校的外语教师队伍相对来说还是比较薄弱，很多高校外语教师实际上都没有出国进行培训，他们的知识面和能力都是有限的，并不能很好的了解和掌握国外的历史文化等，只是会一味的根据课本给学生讲课[①]。要想提升外语教师的专业素养，一是要开放师范专业的招生资格，让更多的高校拥有培养教师的资格，通过竞争的方式促进教学质量的上升；二是需要对我国的教育教学模式进行改革，双语教学模式的发展对传统的外语教师教育模式提出了更强的挑战，学科加外语的教学模式应该会成为今后外语教师的一种新兴教学模式；三是要认真做每一次的外语教师的培训和继续教育工作，让外语教师有不断提升自己能力的机会。通过对教师的继续教育，帮助教师不断更新观念、形成完整的知识体系，提高在校教师的综合素质，使在校教师养成终身学习的好习惯。

四、大力营造外语氛围

缺乏外语学习的氛围和实践机会是当下我国高校外语学习“费时多，收效慢”的主要原因之一，我国的大学生只有在课堂上能有机会讲外语，下课之后身边人都在讲汉语，不能更好的得到练习。如果不改变这种现状，“培养具有良好的外语语言表达能力和较强的文化水平的高素质外语人才”将是一句空话。国外学生虽然远远没有中国学生学习外语的时间多，但是他们的语言表达能力和精通的外语种类数量远远超过中国的学生，最关键的原因在于外国学生具有良好的语言学习环境，他们能够充分发挥现代网络技术的作用，最大限度的使用外语。

五、改革评估体系

我国的教学评估体系与外国先进的教学评估体系相比，还是存在很

①李晓丽．大数据视域下高校英语教学模式研究[J]．海外英语，2022(16):135-136.

大的差距。目前,外语评价体系主要体现在评估标准、评估目的、评估内容、评估方法和评估形式几个方面。就我国现阶段而言,评估只有一种目的,选拔学生;评估只有考试一种形式,没有把非考试评估安排在内;评估只有老师一人参与其中,学生没有进行评估的权利。评估只关注一个点那就是结果,而不关心学习的整个过程。对外语教学评估体系进行改革,要做到:一是评估标准的多元化,评估方法和评估手段要实现多样化;二是坚持形成性评估和终结性评估并重,不要只注重结果,学习的整个过程也很重要,要将期中考试、期末考试相结合或者将最终考察与平时课上课下的学习行为和学习能力的评价相结合;三是将听力、口试和笔试三者相结合,全方位考察学生的外语学习能力;四是也可以考虑让学生成为教学评估的主体,学生之间先进行自我评价和相互评价,老师再根据两者的评估结果进行最终评估。

六、培养较高的外语交际能力

学生的外语交际能力的培养是最重要的教学目的,就我国而言,学生的交际能力是普遍比较薄弱的。而荷兰、英国、法国、美国等对学生的外语交际能力的培养各有各的特色。荷兰的外语课程会针对每个单元的学习专门安排一些情景话题,鼓励学生利用所学习的内容进行交流实践;法国强调“情景教学法”,通过电影、故事、游戏等活动让学生对外语产生一种敏感性;在英国,他们的教学目标仍然是强调交际能力的培养和获得,他们主要以听、说为主要教学目标,四分之三的时间用于各种听说活动。英国、法国、美国等国家充分使用自己比较便捷的地理优势和经济优势,经常与国外的高校形成联系,利用假期,两各高校之间的学生互相交流,或者通过“交流生”的方式使得两国学生各自住在对方家中,通过这种耳濡目染的方式来使得学生有更多学习和锻炼口语的机会。就我国而言,也需要培养学生的听、说能力,但是不能拘泥于通过光盘、录像带等方式进行训练,应该适时组织学生进行出国游访,在暑期或者别的时间与外国学生进行“交流生”体验,使得学生有更多的外语实践的机会,接受外国文化的熏陶。

第六章 高校英语教学模式微观系统创新策略

在经济全球化、文化多样性的时代背景下，互联网新媒体的兴起带来了新的职业要求。为了迎接日益严峻的高校毕业生就业形势，我国的高等院校必须痛定思痛，认真思索教学模式的转型发展之路。高校教学模式不同于小学、初中、高中的教学方式和教学环境，成人教育的兴办异常艰难。代际鸿沟不免为高校教育增添了越来越多的压力。00后相比较90后，更加不受严格制度的管控，更有甚者将大学定位为"自由王国"。经历了高考的考验过后，高校内的宽松环境一度会让学生迷失自我。随之而来的旷课、教学质量下降的问题频频出现。英语课程由于再无升学和毕业压力的状态下，原来备受重视的地位将被边缘化。英语课堂到课率直线下降，这让本就对英语课堂无感的学生更加漠视它的存在。因此，在高校这个相对轻松、愉悦的环境下，英语教学被赋予更多可能性。在网络技术飞速发展的今天，其主要的受众群体——青年大学生，也更加赋有创造力，对新鲜事物的接受程度快于常人。因此，高校在进行英语教学时，必须在充分了解教学对象的前提下，针对教学模式做宏观和微观两方面的改变。在整体上达到学生自主学习力提高、深度运用英语能力、进一步开发智力、强化世界意识、形成健全人格的目标。本章针对我国高校英语教学模式中的微观系统进行全面化的梳理，从教学目标、教学内容、教学方法、教学评价的四个方面，充分研究其优化的策略，从有限的英语课堂本身出发，力争通过自我调节、完善和发展，提升高校内的英语教学质量，全方位监控和实施英语教学。

第一节 设立合理实际的教学目标

“火车跑得快，全靠车头带”。合理实际的教学目标是高校英语模式调整的第一步。由于长期以来，我国的教育被“填鸭式”和“唯成绩论”的思维观念所笼罩。高校教育的氛围，虽不如这样死板，但也尚未在学术风气上得到解放。一直以来，高校里衡量教学质量的基本准绳还是以分数和名次为主。高校内形成了独有的“利益关系链”。保送研究生、国家级校级奖学金、优秀学生的评选、优先入党等的名额均与成绩和名次挂钩。因此，多数学生为了分数和名次争得头破血流。这些举动和风气有违国家素质教育的基本原则，并在一定程度上背离了高校教育的本质。即使大学生在其他方面作出优异成绩，在进行升学、就业时，起决定性因素的依然是被量化的数字。教学目标的错误设定使得高校大学生在各项课程的学习上提高效率较慢，其中包括高校英语教学。高校教育应当以促进学生的全面发展为旨归，以就业为导向，把实际就业技能与课堂效果紧密挂钩。

一、高校英语教学目标的设定现状

首先，我国大学生的知识获取已经不能仅仅依赖于学校课堂。众所周知，我国的高校均开通了针对授课老师的网上评价机制，希望通过提高大学生的课堂满意度作为教学目标。其次，考试通过率也是衡量教学目标是否达成的重要指标。当前高校英语教学的着眼点，并非让更多的大学生掌握一门语言使用的知识和技能，而是单纯应对语言环境的变化。不难看出，“学外语热”在高校的延续已经处于机械化的状态。

我国高等院校在进行素质教育工程建设过程中步履沉重。时至今日，依旧有很多高等院校复制初、高中的教学模式，让不少刚刚进入大学校门的学生感言回到了高中时代。繁重的课业压力，密密麻麻的课程表，时刻不放松的点名制度都为素质教育的教学目标设置了障碍。古希腊流传着一句名言教学名言“认清你自己”；在中国历史上老庄也曾提出过“顺应自然，大为无为”的口号，从古今中外发展教育所提炼的心得看来，紧张式和功利性的教学目标不能促进教学效果的达成。在我国高校的普查中发现，动辄90%以上的课程满意率和就业率，是否真正反映高校在教学上的真实情况尚不得而知。旧式教学目标带来的是高校办学体制的集体僵化。高校、老师、学生乃至社会都呼唤“灵活”“实用”的教学目标的出现。进入高校伊始，大学英语四、六级考试是摆在每一个大学生面前的第一道难关。有的高校甚至忽略自身的教学目标，把大学英语四、六级的通过率作为校与校、院系之间进行比较的重要指标。我们尚且把四、六级通过率当作一项有力指标来看，对此试问一个问题，在四、六级通过率的贡献中，高校英语的学习成效贡献了多少呢？换言之，有多少大学生是在经过高校英语的学习之后大大提升了自身四、六级的通过率呢？高校英语教学到底应该树立怎样的教学目标呢？对此，在综合分析了高校、学生和社会三方面的因素之后，高校的英语教学目标大致如下：首先，现实客观要求为学生就业做准备；其次，我国的基本国情要求为提升国家的综合国力和国家竞争力做准备；再次，人才培养要求需要为打造语言能力强，知识面宽广，具有国际视野和跨文化交际能力的新型人才做准备。高校英语的教学目标若能真正立足以上三条准则，将会为高校英语教学工作起到引领性的重要作用。

二、高校英语教学目标设定的原则

在明确了高校英语教学工作应当设立什么样的教学目标之后，本文特提出在设定教学目标时应该坚守的两条基本准则，一是渗透式教学原则；二是个性化的教学原则。

(一)渗透式教学原则

西方教育界普遍盛行的教育原则为“渗透式”。它是在文化背景和社会结构等多方面因素共同作用下产生的。它不要求教学工作要按部就班的进行，主张和鼓励授课老师运用跳跃式的灵活方式，将实用性的知识传授给学生，以期达到学生的长远发展。在授课过程中多以理论和结论为主。渗透式教学原则对授课老师的要求高于传统教学。它希望老师可以把问题铺设开来，运用自身的社会经历、情感经验、兴趣体会，把实用的知识讲新、讲活。渗透式教学原则所讲授的理论知识是现象与实用并存的，它把学生引导进一个知识点的框架体系内，让学生自由地发散和学习。“渗透式教学原则”有时也允许学生不懂。这在中国的传统教育中是不允许存在的。我国古代伟大的思想家、教育家孔子的“知之为知之，不知为不知，是知也”的名句被老师和办学机构奉为哲学①。但是引入“渗透式教学原则”之后，教师可故意为学生设置难题，在似懂非懂的状态中，引导学生自我探索，在反复的摸索和解决问题的过程中，学生更加注重个人体会，知识也将在不知不觉中被吸收。这种教学方式看起来可谓颠覆了传统的教育法。传统的“渐进式教学”由易到难、由宏观到微观，仿佛抽丝剥茧式的向学生精雕细刻的展示知识。传统的教学方法的检验方式也极为简单，学生是否听懂了老师的讲授就是评价授课优劣的方式。与传统的“渐进式教学”相比，渗透式教学原则有着不可比拟的优势。它将学生从僵化的填鸭式教学法中解放出来，把教学活动的主动权放手给了学生，培养了学生独立思考、开拓、创新的能力。

（二）个性化教学原则

孔子提出“因材施教”的办学理念。在大多数人看来，进入高校后，由于学生年龄和认知的发展，开展个性化的教学似乎不切实际，且没必要，难度也较初、高中时期大。其实，个性化教学的模式改变了传统教学模式的“一对多”的局面，强调“多对一”，高校里多个优秀教师针对一个学生。这是我国发展素质教育的必由之路。凡是提到素质教育，我们更多是注重学生之间的差异，但是却很少提及和关注教师教学的差异化。因此，在教学活动中，尊重教师教学方式理念的差异化则显得尤为重要。只有尊重和充分利用教师的差异化，才能真正解放学生的天性，张扬学生的天性。没有个性的教育是对学生天性的扼杀，每个课堂上的学生都好比是标准化车间里的螺丝钉，而不是个被充分尊重的人。

“一对一”教学的模式在教育发展的早期备受推崇。在这个时期内，教育本就是一项贵族或者上流社会阶层才能接触到的活动，普罗大众是

①陈肖艳．多维互动教学模式在高校英语教学中的运用探究[J]．海外英语，2022(19):215-216.

无法消费的。随着经济发展,这种贵族式教育模式发展成为班级制教学,社会文明的进程往前迈进了一大步。法国著名思想家卢梭曾说:“班级是学生心灵的屠宰场”。班级制教学有一定的社会局限性。班级制教学的本质是一种共性教学,只为向学生普及公共知识和基础知识,所以这种教学模式培养出来的学生有很强的共性,就像工厂里生产的螺丝钉,从思维模式到价值观选择上都没有太大的差异。因此也有人认为,这种班级制教学抹杀了学生的天性。与当时的社会历史现状结合在一起思考不难发现,它崇尚的是“一刀切”的处理方式,没有太多优质的教育资源可供学生发展个性。18世纪法国启蒙主义思想家卢梭在他的教育论著《爱弥儿》就充满了个性化教学思想。由于当时的科学技术,人们并没有把他的个性化教学观当真。对于个性化教学而言,随着社会经济的快速发展,个性化教学越来越成为时代的主流。个性化教学具有越来越旺盛的生命力,借此带动了社会教育的蓬勃发展,丰富了全社会教育的形式。尤其是当下移动互联网技术的快速发展,为个性化教育提供了更加宽松的社会环境。高校作为我国的学生接受学校教育的最后一站,更加应该在以后的教学活动中践行个性化教学的良好理念,使每一个大学生都能在课堂上接受好的教育,为将来就业和走向社会做充分的准备。

三、高校英语教学目标的设定程式

英语教学目标的设定应当符合注重学生可持续发展的基本要求。从早期教学目标的设计、确定和实现是一个完整的生态系统。整个生态中的每一步都关系整个体系的运作和结果的达成。在渗透式教学方式和个性化教学方式的指导下,制定更加生态的高校英语教学目标。

(一)大学生语言知识的目标设计

通过大学英语教学,在初高中英语学习的基础上,夯实英语的语言听说读写的技能应当作为高校英语教学的首要目标。程式化的四、六级考试以及学校组织的期中、期末考试,更多是把学生培养成为分数的机器,“哑巴英语”一直以来都被社会所诟病。英语技能本应该是在运用的过程中逐步获得提高。“倾听”“理解”“表达”三者缺一不可。“哑巴英语”只将英语的的学习停留在第二个阶段，我国的学生把更多的精力放在剖析词义、语法、结构、规则等方面。对于英语的正确理解，应当与语言特定的文化相联系。因此，要达到语言知识的目标，必须兼顾文化知识的学习。其中包括背景、渊源、宗教等。大学生相关的基础知识已具备，应当涉猎异国文化氛围，培养中外文化的异同感和鉴别能力，高校英语教学应当正确处理好语言和文化的关系。

（二）大学生发展目标的确定

2022年中华人民共和国教育部颁布的《义务教育英语课程标准》的目标是培养学生的综合语言运用能力为主的“核心素养”。所谓的“核心素养”主要由四个部分组成，即语言能力、文化意识、思维品质、学习能力。大学英语教学更多的是要促进学生英语语言能力的运用，这种能力的发展是一种智能的发展，是对语言的词义和语法具有一种超强的敏感性。它要求学生不仅能够用英语正确、清晰的表达自己的意思，还能把自己的想法准确无误的传达给对方。英语语言得到很好发展的学生，强大的词汇量和阅读书写能力不在话下。近年来，多元目标的提出更加符合社会实际。多元目标把每个阶段性的目标都设定为一个整体，每一项目标也有其独立的标准。例如，多元目标的其中一个要求是重构文化观，它要求学生在清楚的表情达意的同时，能够用英语表达中华文化，帮助学生树立文化内容包容万象，应当囊括世界范围内的所有文化内容的观念。

（三）大学生整体教学目标的实现

重视基础知识、提倡刻苦学习是面对课业时应该采用的学习方法，而不是学习的目标。在宽松的高校学习氛围中，不少学生和教师，为了学习而学习，将目标和实现方法本末倒置。英语作为基础教育到高等教育、硕士、博士培养阶段的重要学科，因此更应该在教育教学中贯彻整个教育目标中。教学目标的实现离不开刻苦学习的优良学风和科学有效的学习方法。教学能力要提升，教学质量要提高，同时要鼓励学生养成认真学习、独立思考、善于纠错、勤学苦练的学习习惯，共同助力教学目标的达成。高校的教学目标要紧紧围绕“国家富强和民族振兴”目标，把

"为了每一位学生的发展"作为教学理念。整个教学活动中要以"学生为本",注重"人"的教育。鉴于社会背景和情势的转变,高校英语教学目标要集语言基础知识和相关技能于一体,让学生在学习理论知识的过程中,重视学习体验和感受,充分激发自身学习潜能,同时重视个别化语言学习,最终实现大学生的全面发展。

第二节 选用丰富多元的教学内容

在教学目标确定下来之后,随之而来的就是如何把既定目标实践下去。传统教学立足于教材。早期的英语教学大抵都启用有过海外留学经历的高校老师,留洋教师或外教出现在大学英语的教学课堂已经不是一件稀罕的事。但是随着高校教育的进一步普及,英语教学越来越狭窄化。在国内的二本大学以下的学校,有的大学生甚至连外教的面都没见过。加之高校松懈的课堂监督机制,很多学生反映从高校英语课堂已经无法摄入有营养的英语知识。从本质上来说,教学活动离不开教学内容,教学活动的根本因素就是教学内容。具备科学、特色的教学内容是课堂成功的一半。近年来,提起高校的英语教学模式改革,更多的是口号大于内容。从实践的角度来看,在设定好目标前提下,进行教学改革的第二步就是内容的改革。教学内容要解决的问题是指在教学过程中,传授什么样的知识给学生。学术界认为:教学内容,是指教学过程中同师生发生交互作用,服务于教学目的达成的动态生成的素材及信息。在过去的教学模式和理念中,老师和学生都错误的把教学内容和教材简单等同在一起,把教材内容细致的传授给学生就算完成了教学任务。现在看来,这种做法是极其机械的。殊不知,教材只是把教学大纲标准下的普遍知识的浓缩,并不能代表全部的教学内容。我国现行的教材大多数为事实、概念、原理及其内在联系所构成。从学生的思维逻辑角度出发,仅仅依靠教材教学是空洞的、乏味的、不切实际的。在没有基础认知的前提下被一股脑的灌输理论知识,学生的思维逻辑将会提前进入呆板区。理想的教学内容是教师和学生共同对教材内容进行二次加工，在了解学生和社会实际的前提下进行取舍。一方面，将编写好的教材进行合理利用，另一方面、教师和学生可通过组织相关教学活动，激发老师和学生的再创造能力，把教学内容有的放矢地放置在教学活动中。通过分析教材和教学内容的差异可知，教材只是教学内容的一部分，切不可当作刚性指标来贯彻实施。当前的高校教学模式改革更加应当把教学内容当作改革的难点和痛点。因此，我国高校在进行英语模式改革的过程中，要借助对大学生有益的语言知识、安全的文化意识和发展全人的思想等有力的力量，共同完成高校英语教学内容的转变。让更多的大学生收益于大学英语的教和授，并最终内化为就业优势和人格发展力量。

一、工具性

有人认为，英语学习本就是一种工具，是应对就业压力和适应时代转变必须具备的工具，跟移动互联网类似。作为一种语言门类，英语学习的工具性主要体现在传统的听、说、读、写方面，无论教育模式如何改革，基本技能不会变，只是不同的时代背景下社会对技能要求的侧重点不同。英语教育在初始阶段侧重于词义和语义的辨析，在这个阶段涌现出大量的翻译作品，满足了人们对西方文学和相关成果的迫切需求。而现阶段，由于社会形势的复杂化，对人才的要求进一步提高，这时候的英语显示出其作为一门语言的本质要求——互动交流。由静止的辨析词义语义转变为对能够运用英语交流。此时的英语在使用者的脑海中更为西化，随之而来的是思维方式的转变。如果没有对词义、语义辨析以及相关语法知识等的基础，任何人都无法实现用英语进行流畅的交流。因此可见，英语语言的工具性是其他一切特性的基础。更有甚者提出，高校英语的教学内容设置应当分门别类和因材施教，比如在英语教学内容上搭建课程体系，内容设置分别为普通/通用英语、特殊用途英语、通识教育类英语。因此基础教育不能丢弃，大多数国人的英语学习基础相对薄弱，虽然初、高中接受过英语基础知识的教育，但是对大学新生来说，应试教育技巧在加深，而专业知识基础不够牢固，必须依靠继续教育得到进一步的强化。在保留了基础教育的前提下，高校英语教学应当重视工具性的教学内容的发展，逐步扩大其他两类英语内容类型的份额。

普通/通用英语是多年来我国一以贯之的英语教学内容，侧重于英语教学的基础性，在这里不再赘述。特殊用途英语重视英语的专门性，包括学术英语和职业英语两大类。特殊用途英语的教学目的不简单是传授某种知识，而是将教学活动与学生的语言能力相挂钩。要想实现高校英语教学的改革，发展特殊用途英语已经成为不可逆转的趋势。通识教育类英语以实现大学生的语言文化素养为主要目标，是英语教学发展的高级阶段。通识教育类英语应帮助学生了解西方文明、思维方式、生活习惯，以批判性眼光看待西方文化和核心价值观，熟悉中外文化差异，培养跨文化交际能力，否则，就无法达到“用英语有效进行交际”的目标。毕竟我们应当清楚的认识到，大学英语教学的目的是培养学生的语言综合运用能力，进而提高语言应用水平。在这个目标的基础上，构建英语教学内容体系的比例要适当。每一个进入大学进行英语再教育的学生都可以找到自己的能力增长点。每个学科都必须在复杂的社会形势下寻求系统性的解决方法，一刀切的教学模式早已不能适应社会的发展。英语学科设置系统化、体系化的改革是符合社会要求的。这为更多积极探索英语模式改革的高校提供了切实可行的方法论。

二、人文性

英语教学作为一门语言类课程，分属人文学科。它对于启迪学生思维、塑造人文精神方面具有不可比拟的作用。同时，它也是大学生深度拓宽知识面、提升个人文化素质的有效途径。因此，大学英语兼具工具性与人文性。随着大学教育教学活动改革的不断深入，其理念的更新不断彰显出语言人文性的特点。相比较工具性，人文性的特点更应该受到重视。从我国几千年的文化传统中不难看出，“以人文本”的理念在中国文化和思维逻辑中的重要地位。高校教育应当紧跟步伐，高度重视“人”的培养。人文性重视文化知识和文化传统。这就要求高校的英语教育不应当片面的把英语当作一种工具，对于英语语言中的词义和语义辨析也不能简单机械化①。要把英语当作一个复杂系统,这其中就包括语言本身的组成要素,语言规则、文化因素、生活习惯等。引导大学生主动探究语言背后的深意,从而提升大学生的主动创造力。学英语除了要充分了解西方文化,更重要的目的是要用英语方式传达中国文明。过去的教育,在用英语解答中国问题方面一直是空白,很多学生把自己学成了外文通,但是却丢失了中国文化的精髓,出现很多让人哭笑不得的笑话。发展英语教育,本质是搭建沟通中西方经济、政治、文化、社会等方面的桥梁,做到既能了解并吸收外来文化的先进经验,同时也能帮助本国文化走出国门,推广本国的先进文化。因此,在进行高校教学模式改革过程中,要正确处理学习外来文化与保持中国文化之间的平衡关系。尤其是在引导学生学习西方文化时,可适当穿插中国文化知识,通过鲜明对比实现共同学习。大学英语教学课堂是比较集中和直接的进行文化输入、输出的场域,若能抓住学生群体实现文化输出,就不免实现了文化教育的终极目标。因此,在进行大学英语教育过程中,统筹中西方文化的特性,实现本土文化和外国知识的融合发展,真正培养出精通外国文化,同时热爱本土文化的社会主义接班人。

三、关联性

英语学科教学的关联性有两方面含义。首先,语言系统内部具有关联性。英语学科作为一门语言类别,本身就是一个极其复杂的知识系统。从语言本身来讲,英语包括英式英语和美式英语两大类。每个类别的系统都与其他系统相区别,具有很强的综合性。每个语言系统都包括科学、文化、历史、自然、地理等相关因素。其次,语言系统与其他学科系统具有关联性。如果没有其他学科的知识积累,语言学科的学习将会停滞不前。

(一)语言系统内部的关联性

英语学科从一定程度上可以看作一门综合性的学科。汉语是母语,英语作为热度很高的第二外语,在大学生的认知范围内还存在难以跨越

①宁晓静,李亮.信息技术背景下高校英语混合式教学模式研究[J].北华航天工业学院学报,2020,30(5):39-41.

的鸿沟。相较于母语学习，在进行外语学习的过程中，需要充分理解外语的语言构成要素极其要素之间的关系、语言规则等。通过语言相关知识的破解，建构自己的外语思维体系。理想的外语学习状态，是将外语的思维体系经过内化等同于母语的思维体系。简言之，就是消除母语和外语之间的隔阂，达到语言和思维的有机统一。因此，要想高校的学习英语，必须把英语当作一个整体和系统，重视碎片化的知识之间的连贯。在日常的应试教育中，我们不难看到，迫于考试和升学压力的学生苦背单词，更有甚者出现了背英语词典的极端做法。也有的学生将英语语法进行了透彻的研究，但是却无法与他人用英语张嘴交流。英语教学绝不是简单的背单词和练习语法就可以学好的，必须注重连贯性和关联性。

（二）语言系统与其他学科的关联性

要想充分理解英语语言所表达的意思，除了要做到语言系统内部的连贯性，还要调动起其他学科知识和文化背景等因素。只有充分把握语言使用者的使用背景、场域、受教育程度、生活习惯等方方面面，才能准确把握语义和词义。例如，语音知识的学习可以提高学生的听说能力、文化知识的学习可以提升学生的语言表达能力、交际策略的学习可以提升语言表达的流畅性和流利性。我国长期以来的教育具有很大的缺陷性。机械化、程式化的学习方法已经不能适应现代社会对语言的要求。要想学好英语，必须指引大学生学习其他相关的学科知识。单条腿走路，只依靠英语本学科知识是无法做到融会贯通的。人文历史、文化背景、生活习惯等的因素是帮助大学生学好英语的有力武器，因此，在做好语言系统内部因素的关联性的同时，也不能忽视与其他学科知识的关联性。

四、开放性

英语学科并不是一成不变的。尤其是当下社会形态瞬息万变，就业压力陡升。每个大学生都渴望把自己练就三头六臂，只为能在初入社会时打赢就业战争。随着社会和学校重视外语教学，各类别、各阶段的英语教师需求量不断扩大，这为大学生学好英语课程提供了一条就业渠道。另外，随着经济全球化的不断发展，改革开放后我国外资企业和中外合资企业的增多，对职工和大学毕业求职人员的外语要求不断提高，因此，大学生普遍希望通过寻求较好的英语教学来提升自己的英语水平。

（一）英语语言体系的开放性

英语课程的开放性体现在，要在大学生直接参与的课堂教学中，体现出兼收并蓄的教学理念。唯教材论的写作方式已经不能适应现在社会上对人才的要求。社会需求的变化要求语言教学也要做相应的调整和改变。另外，英语的变化也是社会变化在语言上的映射。鉴于此，英语课程内容的选择应当反映时下语言的最新变化，精选规范额语言表达，选择符合时代语言规范的蓝本。语言系统本就是包容一切并自行进行优胜劣汰的，这就决定了这个语言系统本身就是开放的，而不能是封闭的。例如，汉语言文字经历了文言文到白话文的阶段，英语也经历了语言系统从繁复到简易的阶段。莎士比亚的戏剧作品放置现在，很少有人能熟通其中之义，就是因为当时的语义系统与现行的语义系统已经发生较大的改变。这个开放的系统吸收了太多现代人适用的简易语言，不再遵从传统语言格式和要素，为了适应快节奏的社会变化，语言系统本身作出了删减和选择。这种开放性指引着语言系统按照时代发展的规律，坚定不移的进行着自我完善和发展，以此来适应时代的需求。可见我国提倡的开放不是局部的开放，或者某一个领域的开放，这种开放已经蔓延到语言系统自身。

（二）英语教学的开放性

正如联合国教科文组织在《学会生存》一书中指出的“教育在历史上第一次为一个尚未存在的社会培养新人”。因此，为了继续延续教育在人类历史上的重大使命，继续启发心智，必须在教学活动中作出选择，以此来适应教学的规律性。高校的英语教学必须选择对学生的心智有益，并且有助于学生进行长远发展的教学内容。英语教学和学习本就是一种枯燥的认知过程。如果利用简单的教材把教师和学生画地为牢，所学的英语知识将会是死板的，也是过时的。在教学过程中，应当充分利用教具和教学场所的开放性，充分解放学生的天性，让每一个学生都能在英语学习的过程中体会到乐趣和新鲜感，这不仅有助于提高学生的学习积极性,也在一方面缓解了学生的厌学情绪。高校的英语教学必须充分发挥学生的主体性。英语教学的开放性归根结底取决于学生的开放性。

第三节 采用多维立体的教学方法

英语教学模式微观系统的优化在教学方法的选用要体现灵活性与切实性相结合的特点。英语教学一定要避免教学方法上的单一性和绝对性,灵活变通,只要能够促进学生语言知识、文化知识和应用能力的提高,从而促进学生的全面发展的教学方法都可以引入到英语的教学模式中来。具体而言,英语教学方法的多维立体需要结合目前比较普遍的语言知识教授法即传统的语法翻译或者演示法,相对集中的短时间教学,可以让学生在相对恰当和有效的时间内充分掌握相关的知识要点,因此在英语教学方法上具有不可替代的优势;而基于英语知识的学习,需要更多的英语学习的深度,所以进行相关英语国家文化知识的学习与应用,需要采用润物细无声的沉浸法,沉浸法也为学生的无意识学习带来相应的学习优势;在人的思维发展乃至促进人的全面发展方面,为了更好地提高学生在英语听说读写上的应用能力,英语教学方法要多维立体、多种情境教学,尤其是要在学习上拓展宽度、提高深度。

一、语言知识教授

普遍认为语言知识的教授主要是以教师为中心,通过教师向学生传递信息和观点,这样的教学方法是迄今为止传递信息最有效的方法之一,也非常适合我国英语教学的实际情况,而我国的英语教学在此基础上,也开始不断的对此种教学方法进行改进,即将单向的传递信息扩展为老师与学生的互动学习,即类似于传播学的传播模式传递一接收一反馈。本研究认为,课堂教授法在传授语言知识方面具有相当的优越性,尤其是增加了反馈的环节后,课堂语言知识教授方法更为值得提倡。在课堂讲授法大致可以分为正式讲授、互动讲授和示范讲授,而在这样的语言教授模式中,教师担任了相当重要的任务。

(一)正式讲授

正式讲授就是我国学校课堂中普遍存在的一种教学法,英语教学方法也是如此,其主要方式就是英语教师根据学生注意力集中的时间进行针对性的语法翻译。我国学校的课堂设置每节课的时间为45分钟,而在一般而言的教学过程中,中学生注意力集中的相对时间为20~30分钟,之后学生的注意力会有所分散;而注意力集中的时间在年纪较小的学生会更短,因此在语言知识教授中,将一堂课分为两个阶段,而第一个阶段大致在20~30分钟,这段时间内教师需要集中对语言知识进行集中教授。

(二)互动式讲授

随着国内外英语教学方法的不断改进,越来越多的英语教学更多地开始使用互动教学方法。因为前文说过在学校课堂教育中,学生的注意力集中持续时间不长,因此除了需要基础的正式讲授即传统的语法翻译外,需要教师在正式讲授后采用提问等方式,鼓励学生进行更多的知识反馈,这样学生可以更好的积极参与到课堂教学中。目前大多数老师都是在将内容讲授完后进行相应的问答互动,但是如果在讲授过程中能够及时调动学生的互动,那么对英语教学的效果将产生更好的作用。

(三)示模式讲授

示模式讲授就是在知识讲授的基础上进行触类旁通的扩展式教学。在英语教学的一堂课时中,教师在完成正常的内容教授后,针对学生对知识的掌握,教师需要进一步的加深学生的学习印象,此时就需要采用效果显著的示模式讲授。教师要向学生讲授相关的英语应用实例,激发学生对于英语知识深入了解的兴趣,让学生真正参与到对知识的应用中来,让学生成为自己学习的主体。

(四)课堂讲授法的阶段划分

语言知识教授的几种形式,在实际应用过程中需要灵活应变,由教师把握各种形式的协调运用,但是总体而言,还是遵循Byme在教学过程中提出:presen-tation(呈现)-practice(练习)-production(运用)的教学模式

（称PPP教学模式）。在实施课堂教育中，多维立体的教学方法，PPP教学模式是其中的基础教学，而在实际实施过程中，教师应该尽可能的开发教学材料蕴含的趣味性，以激发学生的学习动机，促进学生在短时间内吸收和消化教师传递的语言知识。

二、发挥文化差异的吸引力

现在的英语教学，由于应试教育的局限性，学生在学习上更多学习到的是应试的知识和技巧，而忽视了对知识的真正掌握。比如我们可以看到的很多的经过高等教育的学生，在英语的读写与交流的能力上都有明显的短板，尤其是很多英语专业的学生连最基本的英文经典名著《双城记》《简爱》等都没有读过其完整的英文版，这说明学生的专业素养是有一定缺陷的。上海外国语大学英语学院博士生导师何兆熊教授在上海外文学会和上海外语教育出版社主办的首届华东地区英语专业教学研讨会上评论，并呼吁英语专业发展必须回归"本色"，再次强调英语教学不能忽视文化熏陶。

语言是一种相对应的民族文化、区域文化经过长久的发展和繁衍而产生的，一个民族或者区域的语言是该民族或地区文化的载体，而且民族与区域文化的传承与发展更是离不开语言。不同的民族、不同的区域由于地理、经济、社会等等因素，它们的文化、历史、风俗也会千差万别，而这些差异都会在其不同的语言中表现出来[①]。要学好一种语言，必然需要了解这种语言所在民族或区域的文化，只有这样才能学习到语言中所带来的文化深意，也才能更好的在将来运用好这种语言。英语教学就是一种语言的教学，当然也离不开对英语使用国家和民族文化的学习与了解，这就需要文化知识的熏陶。而从某种意义上讲，一种语言的文化不是通过教师讲授或者教材就能学习了解到的，而是需要学生在相应的语言文化环境中熏陶出来的，即文而化之。文化知识熏陶最好的教学方法就是采用沉浸法，即积极营造英语语言文化的课堂内外的文化氛围，让学生沉浸在英语语言文化中，从而达到文而化之的效果。

①马晓薇．高校英语教学中体验式教学模式的应用路径[J]．海外英语，2022(14)：86-87.

第四节 设立激励中肯的教学评价

一、激励性评价

（一）鼓励学生参与课堂活动

在传统的教学模式中，学生往往是被动接受知识的，他们只需要听讲并记住所讲的内容，这种教学模式往往会让学生感到枯燥乏味，缺乏学习的动力。通过鼓励学生参与课堂活动激发他们的学习兴趣，使他们更加积极主动地参与到学习中来。组织小组讨论、角色扮演、游戏等活动，让学生在轻松愉快的氛围中学习英语，提高他们的学习积极性。鼓励学生参与课堂活动可以提高他们的英语口语和写作能力。在传统的教学模式中，学生往往只是被动地听讲和记笔记，很少有机会进行口语和写作练习。英语口语和写作是学生学习英语的重要方面，只有通过实践才能提高。通过参与课堂活动，学生可以有更多的机会进行口语和写作练习，提高他们的语言表达能力[①]。组织学生进行辩论、演讲、写作比赛等活动，让学生在实践中提高他们的口语和写作能力。鼓励学生参与课堂活动培养他们的合作精神和团队意识。在现实生活中，合作和团队合作能力是非常重要的。通过参与课堂活动，学生可以学会与他人合作，共同解决问题。在小组讨论活动中，学生需要相互合作，共同完成任务。通过这样的活动，学生可以培养他们的合作精神和团队意识，提高他们的合作能力。通过参与课堂活动，学生可以更好地理解和掌握英语知识。在传统的教学模式中，学生只是被动地接受知识，很难真正理解和掌握。通过参与课堂活动，学生可以将所学的知识应用到实践中，加深对知识的理解和记忆。在角色扮演活动中，学生可以通过扮演不同的角色，运用所学的知识进行对话和交流，从而更好地理解和掌握英语知识。

①刘慧．新时期高校英语线上线下混合式教学模式的开展[J]．普洱学院学报，2022，38(3)：109-111.

(二)设立奖励机制

1.考试成绩奖励

在高校英语教学中,学生通过参加考试来评估自己的学习成果。考试成绩奖励可以让学生看到自己的努力得到了认可和回报,从而激发他们更加努力学习的动力。学生会明确知道通过提高自己的成绩可以得到一定的奖励,这会促使他们更加专注和投入学习。通过奖励制度,学生可以感受到学习的乐趣和成就感。当他们看到自己的努力得到了认可和奖励时,他们会更加热爱学习,对英语学习产生浓厚的兴趣,有助于学生更加主动地参与到学习中,提高学习效果。在高校英语教学中,学生的自信心对于学习成绩的提高起着重要的作用。当学生通过考试取得好成绩并得到奖励时,他们会对自己的能力和潜力有更多的信心,帮助学生更加积极地面对学习中的困难和挑战,从而取得更好的成绩。考试成绩奖励可以促进学生之间的竞争和合作。在高校英语教学中,学生之间的竞争是不可避免的。通过奖励制度,学生会更加努力地争取好成绩,激发他们的学习激情和竞争意识。奖励制度可以促进学生之间的合作。学生可以通过互相帮助和交流学习经验来提高成绩,共同进步。

2.口语比赛奖励

对于参与口语比赛的学生,学校可以设立参与奖。设立优胜奖,对于在比赛中表现出色的学生给予奖励,包括奖金、奖状、奖杯等。奖金可以用于学生的学习或生活费用,奖状和奖杯可以作为学生的荣誉证明,增加学生的自信心和自豪感。对于在比赛中展现出特殊才能或创新思维的学生给予奖励,如对于在比赛中表现出色的学生可以获得参加国际交流活动的机会,或者获得参加国内外学术会议的资格。学生不仅能够得到物质奖励,还能够扩展自己的视野和交流机会。学校邀请专业人士或外教作为评委,对学生的表现进行专业评价和指导,从专业人士的评价中获得更多的学习机会和提高空间。设立一个长期的奖励机制,对于在多次口语比赛中表现出色的学生给予额外的奖励,学生不仅能够在单次比赛中获得奖励,还能够通过持续的努力获得更多的回报,激励学生在口语学习上保持长期的积极性和动力。

3.英语作文比赛奖励

奖励可以是物质性的，如奖金、礼品或证书，激励学生参与比赛并努力提高自己的写作水平。奖金可以作为学生的经济奖励，鼓励他们在英语写作方面取得更好的成绩。礼品或证书可以作为对学生努力和成就的认可，增加他们的自信心。奖励还可以是学术性的，如机会参加国内外学术研讨会或出版自己的作品，帮助学生进一步拓展自己的英语写作能力，并与其他优秀的英语写作者交流和学习。参加学术研讨会可以让学生接触到更广泛的学术圈子，增加学术交流的机会。出版作品可以让学生的作品被更多人看到，提高自己的影响力和知名度。奖励还可以是荣誉性的，如评选最佳作文奖、最具创意奖、最具潜力奖等，让学生感受到自己在英语写作方面的成就，并增加对自己的认同感。荣誉性的奖项还可以在学生的简历中增加亮点，对他们未来的求职或升学有积极的影响。

（三）鼓励自我评价

鼓励学生进行自我评价有助于培养学生的学习动力和自主学习能力。传统的教学模式往往是教师主导，学生被动接受知识。而通过自我评价，学生可以主动思考、总结和反思自己的学习情况，从而更加深入地理解和掌握知识。学生在自我评价的过程中，也能够发现自己的学习不足之处，并主动寻求改进的方法，提高学习效果。在进行自我评价时，学生需要对自己的学习成果进行客观、全面的分析和评估，不仅有助于学生在英语学习中发现和纠正错误，还能够培养学生的独立思考和问题解决能力，提高学生的综合素质。通过自我评价，学生可以及时发现和纠正学习中的问题，及时调整学习策略，提高学习效果。自我评价也可以帮助学生建立学习目标和规划，提高学习的针对性和有效性。鼓励学生进行自我评价不仅可以提高学生的学习动力，还可以提高学生的学习成绩。教师在课堂上引导学生进行自我评价，如在学生完成一项任务后，让学生自己评价自己的表现，并给出改进的建议。教师还可以设计一些自我评价的问题，引导学生思考和总结。教师可以利用学生之间的互评和小组讨论来鼓励学生进行自我评价。在学生完成作业后让学生互相评价对方的作业，并进行讨论和反馈。这样不仅可以培养学生的批判性思维和分析能力，还可以促进学生之间的交流和合作。教师利用一些评价工具和方法来鼓励学生进行自我评价，如设计一些自我评价的问卷或表格，让学生根据自己的学习情况进行评价，不仅可以让学生更加客观、全面地评价自己的学习情况，还可以为教师提供有价值的反馈信息，以便更好地指导学生的学习。

二、中肯性评价

（一）多元化评价

多元化评价策略是为了更好地了解学生的学习情况和需求，促进学生的学习兴趣和学习动力，提高学生的学习效果。传统的考试评价方式只能反映学生的知识水平，无法反映学生的学习情况和需求。多元化评价策略可以通过观察学生的学习过程、听取学生的反馈意见等方式了解学生的学习情况和需求，以便更好地调整教学内容和方法，满足学生的学习需求。传统的考试评价方式往往只能给学生带来压力和焦虑，难以激发学生的学习兴趣和学习动力。多元化评价策略可以通过多种方式激发学生的学习兴趣和学习动力，如小组讨论、项目研究、口头报告等，让学生更加主动地参与到学习过程中。多元化评价策略可以通过观察学生的学习过程、听取学生的反馈意见等方式，更好地了解学生的学习效果，从而更好地提高学生的学习效果。口头表达评价反映学生的语言表达能力和思维能力。口头表达评价可以采用小组讨论、辩论、演讲等方式，让学生更好地展示自己的思维和表达能力，让学生更好地理解和应用所学知识。写作评价反映学生的语言表达能力和思维能力。写作评价可以采用论文写作、作文写作等方式，让学生更好地展示自己的思维和表达能力，同时也可以让学生更好地理解和应用所学知识。作品评价是一种非常有创意的评价方法，可以反映学生的创造力和实践能力。作品评价可以采用课程设计、项目研究等方式，让学生更好地应用所学知识，让学生更好地展示自己的创造力和实践能力。考试评价可以反映学生的知识水平和应试能力，同时也可以促进学生的学习动力和竞争意识。考试评价不能作为唯一的评价方式，应该与其他评价方式相结合，以达到更好的评价效果。反馈评价让学生更好地了解自己的学习情况和需求,从而更好地调整学习策略。反馈评价可以采用个人谈话、问卷调查等方式,让学生更好地了解自己的学习情况和需求,让教师更好地了解学生的学习情况和需求,以便更好地调整教学内容和方法。

(二)清晰的评价标准

设立清晰的评价标准帮助学生明确学习目标。学习目标是学生学习的驱动力,也是评价学生学习成果的依据。通过设立清晰的评价标准,学生可以清楚地知道自己需要达到什么水平,从而更好地调整学习策略和努力方向。对于口语能力的评价标准可以包括流利度、准确度、语音语调等方面,学生可以根据这些标准来制订口语训练计划,有针对性地提高自己的口语水平。评价标准帮助教师对学生的学习情况进行全面的评估,并提供具体的反馈和指导。通过评价标准,教师可以发现学生的优势和不足之处,并针对性地给予指导。对于写作能力的评价标准可以包括语法、词汇、逻辑等方面,教师根据这些标准给予学生具体的修改建议,帮助他们提高写作水平。评价标准可以让学生明确自己的学习目标和要求,从而激发他们的学习动力。评价标准也可以培养学生的自主学习能力。学生可以根据评价标准自主制定学习计划和学习策略,通过自我评估和反思来提高学习效果。学生可以根据听力能力的评价标准选择适合自己的听力材料进行训练,通过反思和调整来提高听力水平。评价标准应该包括具体的学习内容和要求,避免模糊和主观性的描述。对于阅读能力的评价标准可以包括理解文章主旨、掌握关键信息、推理能力等方面,而不是简单地评价“阅读能力好”。评价标准应该与教学目标和教学内容相匹配,能够全面评估学生的学习成果。在口语能力的评价标准中,应该包括听力理解、口语表达、交际能力等方面,而不仅仅注重流利度。评价标准应该能够被教师和学生理解和应用,能够指导教学和学习实践。评价标准通过具体的例子和范例来说明,让学生更好地理解和应用。评价标准应该根据学生的学习情况和教学目标的变化进行调整和更新。随着学生口语能力的提高,评价标准可以逐渐提高难度和要求,以促进学生的进一步发展。

第七章 高校英语教学模式宏观系统创新策略

第一节 优化高校英语教师的选拔和培养机制

一、选拔机制优化

（一）设立严格的选拔标准

严格的选拔标准可以确保高校英语教师具备专业知识和教学能力，从而提高教学质量。通过严格的选拔标准选拔出具有潜力和能力的教师，为培养优秀人才奠定基础。严格的选拔标准可以确保选拔过程的公正性和科学性，避免人为因素的干扰。高校英语教师应具备相关专业的学历，并具备相关专业背景。高校英语教师应具备一定的教学经验，包括在高校或其他教育机构的教学经验。高校英语教师应具备一定的学术研究能力，包括发表学术论文、参与学术研究项目等。高校英语教师应接受学生和同行的教学评价，评估其教学效果和教学能力。高校英语教师应参加面试和演示课环节，以展示其教学能力和沟通能力。高校英语教师应参加专业知识考试，以评估其专业知识水平和教学能力。选拔标准过高可能导致人才短缺，影响教学质量，通过提供培训和发展机会，吸引更多人才从事高校英语教师工作。选拔标准可能存在主观性和不公正性，建立多层次的选拔机制，包括面试、演示课、教学评价等环节，以减少主观因素的干扰。选拔标准可能与实际需求不符，根据高校的实际需求和教学特点，制定相应的选拔标准，确保选拔的教师能够适应高校的教学环境和要求。

(二)引入多元化的评估方法

1.教学案例分析

选择的教学案例应该具有一定的代表性,能够反映教师的教学水平和教学风格,选择一些教学成绩较好的案例,也可以选择一些教学挑战较大的案例。选择的教学案例应该具有一定的多样性,涵盖不同的教学内容、教学环境和教学对象等方面,更全面地评估教师的教学能力。选择的教学案例应该是真实的,反映教师在实际教学中的表现,选择录制的教学视频、教学记录或学生评价等材料作为教学案例。分析教学案例中的教学目标是否明确,是否与教学内容相匹配,是否能够激发学生的学习兴趣和积极性。分析教学案例中的教学设计是否合理,是否能够满足学生的学习需求,是否能够激发学生的思维和创造力。分析教学案例中的教学方法是否多样化,是否能够激发学生的参与和合作,是否能够提高学生的学习效果。分析教学案例中的教学评价是否准确、客观,是否能够及时反馈学生的学习情况,是否能够帮助学生提高学习效果。分析教学案例中的教师对教学过程的反思和总结,是否能够不断改进教学方法和教学效果。评估教学案例中的教学目标是否能够达到预期效果,学生是否能够掌握所学知识和技能。评估教学案例中的教学设计是否合理,是否能够满足学生的学习需求,是否能够激发学生的思维和创造力。评估教学案例中的教学方法是否有效,是否能够激发学生的参与和合作,是否能够提高学生的学习效果。评估教学案例中的教学评价是否准确、客观,是否能够及时反馈学生的学习情况,是否能够帮助学生提高学习效果。评估教学案例中的教师对教学过程的反思和总结,是否能够不断改进教学方法和教学效果。

2.教学设计评估

教师在进行教学设计时,应该明确教学目标,即要教给学生什么知识和能力。评估教学设计时,通过分析教学目标的合理性和可行性来评估教师的教学设计水平。教学设计评估应该关注教学内容的选择和组织。教师在进行教学设计时,应该根据学生的需求和教学目标,选择合适的教学内容,并将其组织成一个有机的整体。评估教学设计时通过分析教学内容的科学性和系统性来评估教师的教学设计水平。选择适合的教学方法，并灵活运用这些方法，通过分析教学方法的有效性和创新性来评估教师的教学设计水平。应该充分利用各种教学资源，并获得相应的支持，通过分析教学资源的充分性和有效性来评估教师的教学设计水平。关注教学效果，并及时进行评估和调整，通过分析教学效果的显著性和持久性来评估教师的教学设计水平。

（三）加强师德师风评估

1.教育教学态度评估

教育教学态度是教师在教育教学过程中所表现出的思想、情感和行为等方面的特征，是教师对待教育教学工作的态度和观念的综合体现，直接影响着教师的教学效果和学生的学习成果。通过设计问卷，向学生、同事和上级领导等多方面的人员收集教师的教育教学态度信息。问卷包括教师的教学目标、教学方法、教学态度等方面的问题，通过对学生和同事的评价，客观地评估教师的教育教学态度。通过对教师的教学过程进行观察，了解教师在教学中的态度和行为表现。观察包括教师的教学准备、教学方法、教学内容等方面的情况，通过观察教师的教学过程直观地评估教师的教育教学态度。通过学生对教师的评价，了解教师在教学中的态度和表现。学生评价通过课堂测评、学生问卷调查等方式进行，通过学生的评价客观地评估教师的教育教学态度。通过对教师的教育教学态度进行评估，筛选出具有积极、热情、负责任的教师，提高教学质量。通过面试了解教师的教育教学观念、教学方法等方面的情况，从而评估教师的教育教学态度。通过培训提高教师的教育教学态度，培养教师的教育教学能力，提高教学质量。

2.职业道德评估

职业道德是教师必备的素质之一，对于英语教师来说更是至关重要。评估教师的职业道德可以通过多种方式，如面试、问卷调查、教学观察等。通过这些评估方式了解教师是否具备教育教学的职业道德，如是否尊重学生、是否关心学生的学习情况、是否具备教学热情等。在高校英语教师选拔过程中，应该注重评估教师的职业道德水平。只有具备良好职业道德的教师才能够真正关心学生的学习,尊重学生的个性,积极引导学生的成长。通过职业道德评估选拔出这样的教师,为学生提供更好的教育服务。职业道德评估和教学能力评估是相辅相成的,不能单独看待。教师的职业道德水平是教学能力的基础,而教学能力是职业道德的体现。在高校英语教师选拔中,应该综合考虑教师的职业道德和教学能力,以确保选拔出优秀的教师。职业道德评估不应该只在选拔过程中进行,而应该贯穿教师的整个职业生涯。高校应该建立健全的职业道德评估机制,定期对教师的职业道德进行评估,及时发现和纠正问题,提高教师的职业道德水平。

3.教育教学观念评估

教育教学观念是教师对于教育教学的理解和认识,包括教育教学目标、教学内容、教学方法、教学评价等方面的观念。教师对于学生的培养目标和发展方向的认识,包括知识、能力、素质等方面的要求。教师对于教学内容的选择和组织,包括教材的选用、教学大纲的制定等。教师对于教学方法的选择和运用,包括讲授法、讨论法、实践法等。教师对于学生学习成果的评价方式和标准,包括考试、作业、实验等。通过面试的方式,考察教师对于教育教学的理解和认识,包括教育教学目标、教学内容、教学方法、教学评价等方面的观念。通过观摩教师的教学过程和教学效果,评估教师的教育教学观念是否与高校的教育教学目标相符合。通过评估教师的教学设计,包括教学目标的设定、教学内容的组织、教学方法的选择等,评估教师的教育教学观念。通过学生对于教师的评价,了解教师的教育教学观念是否符合学生的需求和期望。通过教育教学观念评估,筛选出符合高校教育教学目标的教师,提高教育教学质量。通过教育教学观念评估的结果了解教师的教育教学观念存在的问题和不足,为教师培训提供依据。通过教育教学观念评估的结果,为教师的职业发展提供指导和支持,帮助教师不断提升自身的教育教学观念。通过教育教学观念评估的结果,为高校的教学管理提供参考和依据,优化教学管理体系。

二、培养机制优化

(一)制订培养计划

1.学术研究

高校应该提供必要的学术研究资源和环境,包括图书馆、实验室、研究基金等。教师需要有充足的时间和空间进行学术研究,以便深入探索自己的研究领域,提升学术水平。通过设立学术研究项目、组织学术研讨会、鼓励教师发表学术论文等方式来实现。教师参与学术研究活动不仅可以提升自身的学术能力,还可以为学校和学科的发展作出贡献。新任教师通过导师制度得到指导和支持,帮助他们适应学术研究的要求和规范[①]。学校组织一些培训课程,提供学术写作、科研方法等方面的培训,帮助教师提升学术研究能力。学术研究成果应该纳入教师绩效评价的重要指标之一,以激励教师积极投入学术研究。学校可以设立一些奖励机制,鼓励教师在学术研究方面取得突出成果。

2.教学能力

教学能力是教师在教学过程中所展现出来的一种综合素质,包括教学设计、教学组织、教学方法、教学评价等方面。良好的教学能力不仅能够提高学生的学习效果,还能够增强学生的学习兴趣和学习动力,促进学生的全面发展。高校应该建立起一套完善的教师培养机制,包括教师培训、教师评估、教师交流等环节。教师培训是提高教师教学能力的重要途径,可以通过开展教学方法培训、教学设计培训、教学评价培训等方式,提高教师的教学水平。教师评估是对教师教学能力的客观评价,通过学生评价、同行评价、专家评价等方式进行,以便及时发现教学中存在的问题并加以改进。教师交流是教师之间相互学习、相互借鉴的重要途径,通过教学研讨会、教学观摩等方式进行,以便促进教师之间的交流与合作。高校应该注重教师的基础知识培养,包括英语语言知识、教育学知识、心理学知识等方面的培养,以便教师能够具备扎实的学科基础。高校应该注重教师的教学方法培养,包括教学设计、教学组织、教学评价

①李莉,于曼泽.新时代高校英语专业课堂构建与优化[J].食品研究与开发,2022,43(12):236.

等方面的培养，以便教师能够灵活运用各种教学方法，提高教学效果。高校应该注重教师的教学实践培养，包括教学实习、教学实训等方面的培养，以便教师能够在实践中不断提高自己的教学能力。高校应该注重教师的教学反思培养，包括教学反思、教学研究等方面的培养，以便教师能够不断总结经验，改进教学方法。

3.教育理论

教育理论是教学实践的指导原则和方法，只有具备扎实的教育理论基础，教师才能在教学实践中运用科学的教育理论，提高教学效果。教育理论培养帮助教师深入理解教育教学的本质和规律，提高教育教学水平，提高学生的学习效果和综合素质。教育理论培养帮助教师不断提升自己的教育理论水平，不断完善自己的教育理论体系，从而促进教师的专业发展。教育理论培养的内容主要包括教育学、心理学、教育管理学等方面的知识。教育学是教育理论的基础，研究教育的本质、目标、原则和方法，是教师教育理论培养的核心内容。心理学是教育理论的重要组成部分，研究人的心理活动和行为规律，帮助教师更好地理解学生的心理特点和需求，从而更好地开展教育教学工作。教育管理学是教育理论的重要分支，帮助教师更好地组织和管理教育教学工作。高校应根据教育理论培养的目标和要求，建立完善的教育理论课程体系，包括教育学、心理学、教育管理学等相关课程，为教师提供系统的教育理论知识。高校应加强对教育理论课程的教学，注重培养学生的教育理论思维和分析能力，提高学生的教育理论素养。高校应组织学生参与教育实践活动，如教学实习、教学观摩等，将理论知识应用到实际教学中，提高学生的教育理论水平。高校应加强对教师的教育理论培训，提高教师的教育理论水平，促进教师的专业发展。

（二）提供专业培训课程

1.教学方法培训

教学方法培训是为了提高教师的教学能力和水平，使其能够更好地适应高校英语教学的需求。通过培训教师了解最新的教学理论和方法，掌握有效的教学策略，提高教学效果，促进学生的学习兴趣和能力的发展。教师需要了解不同的教学理论,如交际法、任务型教学法等,以及它们在实际教学中的应用。教师要学习如何制定教学目标、设计教学活动、评估学生学习成果等教学策略。教师掌握一些教学技巧,如如何引导学生参与课堂讨论、如何激发学生的学习兴趣等。教学方法培训的方法可以多样化,包括理论讲座、案例分析、教学观摩、教学实践等。理论讲座由专家学者进行,介绍最新的教学理论和方法。案例分析通过分析一些成功的教学案例,让教师了解如何运用不同的教学方法解决教学问题。教学观摩让教师去观摩其他教师的课堂,学习他们的教学方法和技巧。教学实践让教师亲自上课,通过实践来提高自己的教学能力。教师应该具备不断学习和更新教学方法的意识和能力,通过自主学习来提高自己的教学水平。培养教师的自主学习能力通过提供相关的学习资源和培训平台,鼓励教师参加学术研讨会和教学交流活动等方式来实现。

2.教育心理学培训

高校英语教师需要了解学生的心理特点,包括学习动机、学习风格、学习能力等,以便更好地调整教学策略,满足学生的学习需求。教育心理学帮助高校英语教师了解学生的发展规律,从而有针对性地进行教学,促进学生的全面发展。教育心理学帮助高校英语教师分析和解决教学中的问题,如学生的学习困难、行为问题等,提高教学效果。培训教师掌握教育心理学的基本概念和理论,如学习理论、发展心理学等,以便能够理解学生的学习和发展过程。培训教师了解学生的心理特点,包括学习动机、学习风格、学习能力等,以便更好地调整教学策略。培训教师掌握一些教学策略和方法,如激励策略、个性化教学等,以便更好地促进学生的学习和发展。培训教师学习如何分析和解决教学中的问题,如学生的学习困难、行为问题等,提高教学效果。通过讲座、研讨会等形式教师学习教育心理学的基本概念和理论知识。通过分析实际案例,教师可以了解学生的心理特点和教学问题,并学习如何解决这些问题。教师通过实践教学将教育心理学的理论知识应用到实际教学中,提高教学效果。在高校英语教师培养中,应设置教育心理学课程,让教师系统学习教育心理学的理论和方法。高校可以建立教育心理学培训中心,提供教育心理学培训的资源和支持,如教材、案例分析等。教育心理学培训应与实践教学相结合,让教师将所学的教育心理学知识应用到实际教学中,提高教学效果。对教育心理学培训进行评估和反馈,了解教师的培训效果和需求,不断改进培训内容和方法。

(三)国际交流与合作

1.出国访学

出国访学让教师接触到国际先进的教学理念和教学方法,了解国外的教育体制和教育资源,提高自身的教学水平和专业素养。出国访学拓宽教师的国际视野,增加他们对不同文化背景下学生的理解和关注,提高跨文化交际能力。通过与国外大学建立合作关系,开展教师交流项目,让教师有机会去国外大学进行短期的教学和研究,与国外教师进行学术交流,互相借鉴经验和教学方法。通过申请国内外的教育基金和奖学金,资助教师出国访学,减轻教师的经济负担,让更多的教师有机会去国外学习和研究。通过组织国际学术会议和研讨会,邀请国外专家来校进行讲座和培训,为教师提供学习和交流的平台。

2.参加国际学术会议

通过与国际同行的交流和互动,英语教师可以了解到最新的教学方法、教材和教学资源。他们可以借鉴其他国家的教学经验,学习到先进的教学理念和技巧,并将其应用到自己的教学实践中,有助于提高英语教师的教学效果和学生的学习成果。国际学术会议是学术界的重要平台,汇聚了来自世界各地的学者和专家。参加国际学术会议让英语教师接触到最新的研究成果和学术动态,了解到不同国家和地区的研究方向和热点问题。,拓宽英语教师的学术视野,促进他们在学科研究方面的深入思考和探索。国际学术会议是学术交流和合作的重要平台,通过与国际同行的交流和合作,可以促进学科的发展和进步。英语教师通过参加国际学术会议,与其他国家和地区的学者进行学术交流和合作,共同开展研究项目和课题,推动学科的发展和创新。设立专项经费,用于支持英语教师参加国际学术会议的差旅费用和注册费用。制定相关政策,将参加国际学术会议作为英语教师的绩效考核指标之一,将其纳入到教师培训和职称评审的考虑因素中。高校组织英语教师参加国际学术会议的培训和指导,提供必要的支持和帮助。

第二节 革新高校英语教学的教材编写

一、确定编写教材的目标

教材的目标是教师教学的指导方针,是教学内容的总体框架。通过明确教材的目标,教师可以更好地选择教学内容,合理安排教学进度,确保教学的系统性和连贯性。教材的目标也可以帮助教师确定教学方法和教学手段,提高教学效果。教材的目标是学生学习的目标,是学生学习的方向和依据。通过明确教材的目标,学生可以更好地了解自己需要学习的内容和学习的重点,有针对性地进行学习。教材的目标帮助学生了解学习的难度和要求,提高学习的主动性和积极性。确定教材的目标可以提高教材的适用性和实用性。教材的目标是根据学生的学习需求和实际情况确定的,具有很强的适用性和实用性。通过明确教材的目标确保教材内容的科学性和合理性,使教材更符合学生的学习需求和实际情况。教材的目标帮助教师和学生更好地评价教材的质量,及时调整和改进教学内容。教材的目标是教学的出发点和落脚点,是教学的核心和关键。通过明确教材的目标提高教学的针对性和有效性,使教学更加有针对性和有效性。教材的目标帮助教师和学生更好地评价教学的效果和质量,及时调整和改进教学方法和教学手段。

二、选择与学习目标相符的素材

选择与学生日常生活和职业发展相关的素材,例如工作面试、商务会议、旅行、医疗服务等。这样的素材可以帮助学生学习实际应用英语的技巧和表达方式。选择与英语国家文化和传统相关的素材,例如节日庆祝、习俗和传统活动等。通过学习这些素材,学生更好地了解英语国家的文化背景,提高他们的跨文化交际能力。选择涵盖不同主题和话题的素材，例如科技、环境、社会问题等，帮助学生扩大他们的知识面，提高他们的阅读理解和写作能力[①]。选择包括图片、音频和视频等多媒体素材，以增加学生的学习兴趣和参与度。多媒体素材可以帮助学生更好地理解和记忆英语知识，提高他们的听力和口语能力。选择与学生的学习水平和兴趣爱好相适应的素材。不同学生有不同的学习需求和兴趣，教材应该根据学生的特点和需求进行个性化设计，以提高学习效果。

三、教材以任务为导向

采用任务为导向的方法，是为了提高学生的语言实际使用能力，强化学习者的参与感和实践性，强调通过完成实际的、有意义的任务来进行语言学习，这些任务模仿或反映真实世界中的语言使用情境。学生可能会被要求计划一次国际旅行、设计一份问卷调查、或参与一场模拟的商务谈判。教材应提供真实或接近真实的使用英语的情境，以便学生可以将语言技能应用于实际情况。每个单元或章节都应围绕一个或一系列具体任务来设计，这些任务需要学生运用并练习新学的语言知识和技能。学生可以在任务中扮演不同的角色，如顾客、经理、游客等，以增加任务的参与感和现实性。教材应鼓励学生以小组形式工作，促进彼此之间的沟通、协作和语言交流。教材应该鼓励学生在完成任务后进行反思，分析任务完成的过程和结果，以及自我评估语言使用的有效性。教材需要提供足够的语言输入，包括词汇、语法结构、短语和模板等，帮助学生完成任务。任务通常需要学生综合运用听、说、读、写四项技能，以提高语言综合运用能力。通过任务引入目标语言国家的文化元素，让学生在完成任务的同时了解和学习不同文化。

四、教材引入文化元素

教材应该促进学生不仅仅学习语言，也要理解和欣赏英语语言背后的文化多样性。目标应该包括文化意识、跨文化交际能力和全球公民意识的培养。教材编写应考虑到文化教学的最佳实践，如情境教学法、任务型教学法等，这些方法能够更好地将文化内容融入语言学习过程。教

①杜凌俊．高校英语教学中英语词汇教学模式解析[J]．海外英语，2021(20)：135-136.

材中应包含来自目标语言国家的各种文化元素，如历史、文学、艺术、日常生活习惯等，同时也要注意内容的多样性和包容性，避免文化偏见。文化教学不应该只是附加内容，而是要与听、说、读、写等语言技能的学习相结合。教师在传授文化内容时需要具备一定的知识和技能，因此教材的编写还要配合教师的专业发展，提供必要的支持材料。评估学生的文化理解程度同样重要，教材应包含评价工具，帮助教师和学生了解学习进度和成效。现代技术，特别是互联网和多媒体工具，提供了丰富的资源和渠道，使得文化元素的呈现更加生动和互动。教材应避免文化刻板印象，促进学生对不同文化的开放态度和敏感性。

五、教材提供辅助材料

提供与每个单元主题相关的词汇列表和表达方式，包括同义词、反义词、短语和习语。根据每个单元的语言点，提供详细的语法解释和练习题。例如，介绍不同时态的用法，通过填空、改错等形式加以练习。精选与单元话题相关的阅读材料，如新闻报道、短篇故事或论述文，配以理解问题，提高学生的阅读和分析能力。听力练习包含各种真实语境下的听力材料，如对话、访谈和演讲，并附有听力理解问题。设计一系列的口语活动，如角色扮演、辩论和演讲，鼓励学生使用新学的词汇和表达进行实际对话。提供不同类型的写作练习，如叙事、描述、议论文，以及写作技巧的提示和结构框架。介绍国外的文化知识，如节日、传统和社会习俗，以提升学生的跨文化交际能力。提供单元测试和自我评估工具，帮助学生和教师追踪学习进度。推荐与单元话题相关的网站、应用程序和在线资源，以便学生进行自学。设计综合性的项目任务，如调查研究或报告，要求学生运用所学的语言知识解决实际问题。

第三节 提高学生的英语学习兴趣和自主学习能力

增强互动性和参与度、增强语言实践机会、设立奖学金和荣誉称号、开展教师培训可以提高学生的英语学习兴趣和自主学习能力。

一、增强互动性和参与度

教师可以使用协作学习的方法,如分组讨论和项目工作,促使学生在学习过程中相互交流,共享想法,从而提高了参与度。例如让学生围绕一个主题进行小组讨论,或者共同完成一个英语演示项目。使用在线平台,如论坛或社交媒体,让学生参与在线讨论。使用英语学习软件或游戏也能提高学习的趣味性,进而提高学生的参与度。通过角色扮演或模拟活动来模拟真实的交流情境。例如模拟商务谈判、旅游导游解说等情境,学生不仅可以练习语言技能,还能培养解决问题的能力。鼓励学生进行展示和教学也是提高互动性的有效方法。学生可以准备关于特定主题的短暂讲座,然后在班级前展示,其他学生可以提问和讨论。教师应确保课堂氛围的开放和包容,鼓励每个学生发言,表达自己的观点。通过定期的反馈和肯定,教师帮助学生建立自信,从而更积极地参与到课堂活动中去。

二、增强语言实践机会

设立语言实验室对于学生掌握语音和语调是非常有益的。传统的教室教学往往侧重于语法和词汇的教授,而忽视了发音的准确性和口语的实践。语言实验室中学生通过模拟软件来练习发音,获取即时反馈,从而更快地纠正错误。通过重复练习学生培养出良好的语音语调,这对于他们在实际交流中能够被准确理解至关重要。角色扮演活动为学生提供了一个安全的舞台,可以自由表达自己的想法,而不必担心犯错的后果。在这些活动中,学生扮演不同的角色,从而有机会在多种社交场合下使用英语,提高了他们的语言实际应用能力,也使他们能够更好地理解不同文化背景下的交流方式。通过在语言实验室中使用真实的语料库和互动软件,学生能够接触到真实的语言环境。这些材料通常包含了丰富的地道表达和实用短语,有助于学生提升听力理解和口语表达的自然度[①]。配合角色扮演活动,学生能够将这些学到的表达应用于具体的

①庄淑娟.研讨式教学在高校英语专业精读教学中的应用研究[J].校园英语,2021(34):38-39.

交流情境中，进一步巩固和扩展他们的口语能力。为了充分发挥语言实验室和角色扮演活动在口语教学中的作用，教师需要精心设计活动，确保活动的内容贴近学生的生活和兴趣，同时也要注意活动的难度要适中，以确保学生能够积极参与进来。教师还可以通过录制学生的口语练习，进行回放分析，帮助学生发现并改进他们的不足之处。设计多样化的活动，如角色扮演、情景对话、问题解决等，让学生在具体的语境中实践英语。教师设计一个“在机场”的情景，学生需要扮演旅客、安检人员或服务台人员的角色，使用英语完成从办理登机到询问航班信息的各种交流。创建“餐厅点餐”场景，学生需要用英语讨论菜单，点餐并处理支付过程。在这些活动中，学生不仅能够练习听、说、读、写四项基本技能，还能通过互动提高语言的流利度和准确性，鼓励学生自主学习，探索语言使用的多样性，并能立即得到同伴和教师的反馈，帮助他们更好地理解和掌握英语。为了更好地实施这一教学法，教师需要精心设计活动，确保场景的真实性，选择与学生生活密切相关的主题，这样更能激发学生的兴趣和参与度。教师应当引导学生充分准备，提供必要的词汇和句型支持，以便学生能够在活动中更自信地使用英语。

三、设立奖学金和荣誉称号

设立奖学金，尤其是英语学科的奖学金，可以鼓励学生更加专注于英语学习。奖学金的设立可以基于不同的标准，如学术成绩、参与课堂讨论的积极性、英语项目的完成质量或者是语言能力的进步。这些奖学金不仅仅是对学生努力的认可，也是对他们成绩的物质回报，这有助于提升学生的满足感和自豪感。荣誉称号，如“英语之星”或“最佳参与奖”，则发挥类似的作用，但更加侧重于无形的社会认可。荣誉称号可以在学校范围内公开颁发，以此表彰学生的杰出表现，增强学生的自信心，鼓励他们在学业上继续努力。为了确保这些激励措施的有效性，学校和教师需要制定清晰的标准和公正的评选流程。标准应该是可量化的，以确保学生了解如何达到这些要求。评选流程的透明度可以增强学生对系统公正性的信任，从而增加他们的参与度。在实施过程中，奖学金和荣誉称号不应该只专注于顶尖学生。为了鼓励更广泛的学生群体，可以设置不同类别的奖项，例如最进步奖或最佳合作奖，以鼓励那些在不同方面做出努力的学生。通过各种活动来支持这些激励措施，如组织英语角、戏剧俱乐部、辩论赛等，这些都是学生可以展示他们英语能力和获得荣誉的平台。通过这些活动，学生不仅可以提高英语能力，还能增强团队合作和领导能力。

四、开展教师培训

教师培训不仅仅是为了让教师掌握教学内容，更重要的是让他们学会如何教，尤其是激发学生的学习兴趣。通过问卷调查、小组讨论等方式了解学生的需求和兴趣，教师可以更有效地设计课程和活动。培训应该包括创新教学方法的介绍，如项目式学习、合作学习、翻转课堂等，激发学生的学习兴趣。教师应当学会运用现代科技工具，如多媒体演示、在线资源和教育软件，使教学内容更加生动，提高学生的参与感。培训还应当强调课程内容与学生生活的相关性，教师需要学会如何将教学内容与学生的日常生活和兴趣爱好相联系。有效的教学方法需要通过学生的表现和反馈来评估。培训应该教会教师如何进行有效评估和如何根据学生反馈调整教学策略。教师培训不是一次性的，而是一个持续的过程。定期的工作坊、在线课程和同行评议可以帮助教师不断提升教学技能。

第四节 改革高校英语课程体系的设置

一、需求分析

理解学生对英语学习的兴趣、动机和需求，分析他们对英语的实际应用需求，例如日常交流、考试、职业发展等。确定教育目标，包括语言技能（如听、说、读、写）和文化意识，应当与国家教育标准和国际英语能力标准相一致。探讨教师的资格、培训和教学方法，分析如何通过不同的教学策略（例如项目式学习、合作学习、翻转课堂）来满足学生的不同学习风格。讨论评估标准和反馈机制，以及它们如何帮助学生和教师监控学习进度和成果。分析可用的教学资源和材料，包括教科书、多媒体工具、在线资源等，以及它们如何支持课程目标。考虑教育政策、学校管理和财务资源如何影响课程的设置。分析社会文化因素，例如媒体、科技和全球化对英语学习需求的影响。考虑技术发展、职业市场需求变化以及全球交流增加对英语学习的潜在影响。

二、评估与反馈多元化

评估不仅仅是为了给学生的学习成果打分，更重要的是通过评估指导学生学习，帮助他们识别自己的优势和需要提高的地方。多元化的评估与反馈体系能够更全面地反映学生的学习状况，促进个性化学习和全面发展。多元化评估要求在评价方式上多样化，不仅包括传统的笔试、口试，还应包括项目作业、小组合作、自我评价、同伴评价等多种形式，让不同类型的学生都有机会展示自己的能力，同时也可以评价学生的多种语言技能和综合能力。有效的反馈应该是及时的、具体的，并且关注学生的进步和努力，而不仅仅是错误。老师可以通过书面评论、口头讨论、一对一会谈等方式提供反馈，学生也可以通过自我反思和同众评价来获取反馈。评估与反馈应该是一个持续的过程，而不是仅仅发生在学期末或者课程结束时。在整个学习过程中，持续的评估和及时的反馈能够帮助学生更好地理解学习目标，调整学习策略，从而更有效地支持学习。在设计多元化的评估与反馈体系时，还要考虑到评估的公平性和包容性，确保评估方法对所有学生都是公正的，并且能够尊重和适应不同学生的需求和背景。

三、师资培训与发展

教师应定期学习和实践最新的语言教学方法，如交际式语言教学法、任务型教学法等，这些方法更注重学生的实际语言使用能力。教师应接受有关如何设计能够满足不同学生需求的课程的培训，包括如何整合语言技能（听、说、读、写）与语言元素（语法、词汇、发音）的教学。教师需要掌握多样化的评估工具，以准确地评价学生的进步，并提供有建设性的反馈,包括传统的测试和考试,以及口语表现、同伴评价等形式[①]。随着科技的发展,教师应该学会如何有效地使用教学技术,如智能教室设备、在线学习平台、以及多媒体资源。在全球化背景下,教师不仅教授语言,还应培养学生的跨文化交际能力,帮助他们在多元文化的环境中有效交流。教师应该有机会反思自己的教学实践,探索和发展个人独特的教学风格,以激发学生的学习兴趣和潜能。为实现这些目标,教育管理部门应该为教师提供定期的、结构化的专业发展课程,包括工作坊、研讨会、观摩课、同伴互访等。鼓励教师参与教育研究、出席国内外学术会议、进行教育交流活动,也是他们专业成长的重要途径。通过这样的系统性发展,教师的教学质量将得到实质性的提升,从而直接影响学生的英语学习成效。教师的个人发展计划应当与学校的整体教育目标相一致,确保教师个人的成长能够转化为教学实践的改进,为学生创造更有效的学习环境。

教师应不断更新教学内容,引入新的教材和资源,如TED演讲、英语新闻报刊、在线资源等,为学生提供真实语言环境的体验。采用项目式学习、探究式学习等现代教学方法,鼓励学生主动学习和参与。开发互动式的教学应用,比如使用教学软件或者学习管理系统,以提高学生的参与度和兴趣。课程设计应考虑学生的个体差异,为他们提供个性化的学习路径,为不同能力水平的学生提供不同的教学材料和活动。利用技术工具进行诊断性评估,以便教师能够根据学生的学习进度和理解程度调整教学计划。鼓励学生通过小组讨论、角色扮演等形式进行合作学习,这有助于提高他们的语言交际能力。教师可以设置同伴评价和小组评价,让学生学会相互评价和反馈。通过与外国学校的合作项目,如笔友交流、视频会议等方式,让学生有机会与母语是英语的人进行交流。学校和教育行政部门应当为教师提供持续的专业发展机会,如研讨会、工作坊、在线课程等。鼓励教师进行课堂实验和教学案例研究,以及参与教育学术会议,发表自己的研究成果。教师应充分利用现代信息技术,如智能手机、平板电脑、电子白板等,使教学活动更加生动有趣。通

①许慧娜. 高校英语的多元化教学措施[J]. 海外英语,2020(22):160-161.

过在线资源和工具，教师可以实现课堂外的扩展学习，让学生在课堂之外也能持续学习。采用多元化的评价方法，如自我评价、同伴评价、项目评价等，除了传统的笔试和口试。定期收集学生的反馈意见，对课程进行调整和优化。建立教师之间的资源共享平台，鼓励优秀的教学实践和资源共享。

四、资源与设施

图书资源应涵盖广泛的阅读材料，从经典文学作品到现代文本，包括原版书籍和适合高中生阅读水平的简化版，提供语言学习的原材料，还能够增进学生对不同文化的理解。在线资源的提供是现代教育的关键组成部分，它们提供了无限的信息和练习机会，包括访问在线数据库的权限、参与虚拟语言学习平台、以及使用互动软件进行语言练习。在线资料的优势在于它们的即时性和多样性，能够根据学生的个别需求进行定制化学习。语言实验室则提供了一个专门的学习环境，其中包括了多媒体学习工具，如听力练习装置、发音分析软件以及其他互动学习设备。在这样的环境中，学生可以练习听说读写各方面的技能，尤其是在听力和口语方面得到加强。

第五节　完善高校学生的联合培养机制

一、高校英语教学中学生联合培养的价值

通过与不同的人和环境互动，学生可以学习如何在多元文化的背景下沟通和合作，有助于他们理解和接受不同文化，还能提高他们使用英语作为交流工具的能力。在学术上，联合培养提供了更广阔的资源和知识体系。学生接触到多样的教学方法和材料，这有助于他们从不同的视角理解和掌握英语，鼓励学生发展批判性思维能力，因为他们需要评估和融合来自不同来源的信息。从个人成长的角度来看，联合培养鼓励学生自我驱动和独立学习。在多元化的学习环境中，学生需要自己设定目

标和管理时间，这有助于培养自主性和责任感。通过与不同的教师和同学交流，学生能够提高自信和自我认识。在实施联合培养时，重要的是要确保所有合作方都共享教育目标，并致力于提供一致的支持和资源。教师应该致力于创建一个包容和支持的环境，鼓励学生之间的正面互动，并提供必要的指导来帮助他们在学术和个人发展上取得进步。在高校英语教学中，联合培养的价值体现在它为学生提供了一个全面发展的平台，既有助于他们掌握语言技能，也有助于他们在全球化世界中成为有责任感的公民，强调了学习的合作性和综合性，为学生未来的学术和职业生涯奠定了坚实的基础。

二、学生联合培养机制的建立

(一)学校与企业合作

学校与企业合作可以为学生提供更多的实践机会。在传统的英语教学中，学生主要通过课堂学习来掌握英语知识和技能，仅仅依靠课堂学习是远远不够的，学生需要通过实践来巩固所学知识。与企业合作，建立实习基地，为学生提供实践机会，让他们亲身参与到实际工作中，了解工作环境和工作流程，提高他们的实际操作能力。学校与企业合作可以提高学生的综合素质。在实习过程中，学生不仅可以学到专业知识和技能，还可以培养自己的沟通能力、团队合作能力和解决问题的能力。在实际工作中，学生需要与同事、上级和客户进行沟通和协作，需要解决各种问题和挑战。通过实习学生锻炼这些能力，提高自己的综合素质，为将来的就业做好准备。学校与企业合作还可以促进学校和企业之间的互利共赢。学校可以通过与企业合作，了解企业的需求和要求，调整教学内容和方法，使教学更加贴近实际工作。学校为企业提供人才培养和技术支持，帮助企业提高竞争力。通过合作，学校和企业可以相互借力，实现共同发展。学校可以与企业签订合作协议，明确双方的权责和合作内容。学校与企业共同建立实习基地，提供实践机会给学生[①]。实习基地可以是企业的实际工作场所，学生可以在这里进行实习，了解企业的

①张苏亚．融合时代特色实现高校英语教学发展[J]．江西电力职业技术学院学报，2022,35(5):65-67.

运作和管理。学校与企业联合开展项目,例如组织学生参与企业的实际项目,让他们在实践中学习和成长。学校与企业共同开展研究和创新,例如合作开发新的教学方法和教材,推动教学的改革和创新。

(二)学校内部合作

高校英语教学中的学校内部合作包括不同学科、不同专业、不同年级之间的合作,促进教学资源的共享,提高教学质量,培养学生的综合能力。在高校英语教学中,跨学科合作可以提供更多的学科资源,丰富教学内容。英语教师可以与历史学教师合作,将历史事件与英语学习相结合,帮助学生更好地理解历史文化。英语教师还可以与艺术教师合作,组织英语戏剧表演,提高学生的口语表达能力和艺术素养。跨学科合作可以打破学科之间的壁垒,促进知识的综合运用。在高校英语教学中,跨专业合作可以提供更多的实践机会,培养学生的综合能力。英语教师可以与工程学专业合作,组织英语口语角,让工程学专业的学生通过与英语学习者的交流,提高英语口语能力。英语教师还可以与商学专业合作,组织商务英语实践活动,帮助学生掌握商务交流技巧。跨专业合作可以让学生在实践中学习,培养跨学科的综合能力。在高校英语教学中,跨年级合作可以促进学生之间的互助学习,提高学习效果。高年级的学生可以与低年级的学生进行英语辅导,帮助他们解决学习中的问题。高年级的学生还可以与低年级的学生进行英语对话练习,提高他们的口语能力。跨年级合作可以促进学生之间的交流与合作,培养学生的团队合作精神。

三、学生联合培养机制的效果评估

(一)学生综合素质的评估

学生综合素质是学生在知识、能力、态度和价值观等方面的综合表现。在传统的教学模式下,学生的综合素质评估主要依靠考试成绩,这种评估方式往往只能评价学生的知识水平,无法全面评估学生的能力、态度和价值观等方面。高校英语教学学生联合培养机制的出现,为学生综合素质的评估提供了新的思路和方法。学生综合素质评估的目的是为了全面了解学生的学习情况和发展潜力，为学生的个性化发展提供有针对性的指导。评估的目的是为了帮助学生发现自己的优势和不足，从而制定合理的学习计划和目标。评估还可以为学校提供有关教学质量和学生发展的信息，为教学改革和教学管理提供依据。评估学生综合素质的原则是客观、公正、科学和全面。评估应该以学生的实际表现为依据，避免主观臆断和片面评价。评估应该公正，不偏袒任何一方，确保评估结果的公正性和可信度。评估应该科学，采用科学的评估方法和工具，确保评估结果的准确性和可靠性。评估应该全面，综合考虑学生的知识、能力、态度和价值观等方面，确保评估结果的全面性和综合性。评估学生综合素质的方法可以采用多种方式，如考试、作业、实践、讨论、观察和问卷调查等。考试评估学生的知识水平，作业可以评估学生的能力水平，实践评估学生的实际操作能力，讨论评估学生的思维能力，观察可以评估学生的态度和行为，问卷调查评估学生的价值观和态度。这些评估方法可以相互结合，形成一个完整的评估体系，全面评估学生的综合素质。

（二）就业竞争力的评估

高校应该根据就业市场的需求，调整和更新英语教学内容，使其更加符合就业市场的要求。学生在学习英语的过程中，应该学习到实际运用英语的能力，包括口语、听力、阅读和写作等方面。高校应该根据学生的专业特点，设计相应的英语教学内容，使学生能够在毕业后能够运用英语进行专业交流和工作。教师应采用多样化的教学方法，传统的教学方法已经不能满足学生的需求，教师应该采用多种教学方法，如讲授法、讨论法、案例分析法等，以激发学生的学习兴趣和积极性。教师应该通过实际案例和实践活动，培养学生运用英语解决实际问题的能力。教师应该引导学生主动参与学习，培养学生的自主学习能力和团队合作能力。学生应具备良好的英语基础知识，掌握英语的基本语法和词汇。学生应具备良好的沟通能力。学生应该通过口语和写作练习，培养自己的沟通能力，能够流利地表达自己的观点和想法。随着全球化的发展，学生应具备与不同文化背景的人进行交流的能力，以适应国际化的就业环境。

第八章 高校英语教学模式改革创新具体策略

第一节 听力教学模式改革创新策略

一、大学英语听力教学策略

在听、说、读、写四项语言技能中，听是十分重要的一种技能。根据第二语言习得理论，语言的输入是语言习得最基本的条件，没有语言输入就不会有语言习得。听力作为一种输入型技能在学生的语言习得中占有十分重要的地位。根据外语教学法专家里费斯和坦伯利的统计，听在交际活动中所占的比例高达45%。因此，在外语教学中，要发展学习者的语言能力，从而达到流利地用英语与英语本族语者进行交际的目的，听力起着极其重要的作用。然而，我国的英语教学在语言输入方面往往单纯强调视觉输入（阅读），忽略听觉输入（听力），从而导致有些英语学习者的听力理解能力较差，影响语言的吸收，影响交际能力的培养。即使那些通过英语四、六级考试的学习者，其实际听力理解能力也很弱。究其原因，一方面是由于听力的教学时间远少于阅读时间；另一方面在外语界学生的听力策略训练指导尚未引起人们足够重视，也落后于阅读技巧的指导。因此，要想提高听力理解能力，从而提高全面的语言能力首先需要了解学习策略在英语听力教学中的具体体现，并在此基础上实施有针对性的策略指导。

英语听力策略包括以下几种。

（一）认知策略

依据听力理解的特征，听力学习中的认知策略可概括为预测、联想发挥、利用关键词句、利用语法知识、做笔记、推理等。

1.预测

学生在听力训练或测试中善于运用已知信息材料的题材、语言及内容进行预测,会大大提高听的效率。因为听力过程并非像录音机那样被动地接受有声材料,而是不自觉地对听到的信息进行积极的预测、筛选、释义和总结等一系列的心理加工,尤其是在听者外语听力的理解水平达到中级以上之后,情况更是如此。这一技巧在听力材料只播放一遍的考试中显得更为重要。

2.联想发挥

联想发挥指的是联系已有知识(包括文化背景、生活常识等)的相关信息来理解听力材料。

3.利用关键词句

关键词一般指最能反映场所、环境以及特征方面的词。在听对话时,只要抓住其中一个词,就能判断出主要内容。关键词有时也指带有否定意义的副词、形容词、代词、转折词、连词及某些词组等。重点句在语篇中通常指主题句或能体现重点信息的句子。

4.利用语法知识

利用语法知识是指通过运用语法知识(如虚拟语气、定语从句)来辨别语篇标记词,或分析长句的结构以帮助理解。

5.做笔记

做笔记需要知道记什么和怎么记。是边听边记关键词和重要信息,还是听懂一段话以后概括其主要意思并记录下来,或者画图,或者列提纲等,要依据内容来决定。例如,听录音时用树状图概括一个段落的中心思想,用流线图解释复杂的工艺流程都是应用认知策略来解决听力问题的常见例子。这些技巧有利于生成新的意义并减轻短时记忆的负担,从而可以促使学生更加集中精力来理解新的听力材料。

6.推理

推理是指:借助背景声音、说话者的语气语调、说话者的态度等非语言信息来判定谈话发生的地点和说话者之间的关系等;运用从听力材料中获得的已知信息来对结果作出推论；在做听写练习或单词填空题时，借助听懂的内容或题目中给出的部分进行推断。

（二）社会策略

社会策略是语言学习者为促进某一学习任务的完成而与别人进行交流的策略。

听力学习中的社会策略主要体现在对疑难问题的解释、澄清，以及与他人的交流合作。其中与他人的交流合作主要表现在对他人学习经验的反应，以及在学习过程中学习方法的交流。这和元认知策略中的评估策略有一定的相似之处。但评估策略更多强调对自身学习过程的评价和衡量，而社会策略则更多地涉及与他人的合作，向他人学习并获得帮助的过程。

（三）情感策略

听力学习中的情感策略强调听者在听力过程中控制自己的焦虑情绪，调整心理状态，达到最佳听力效果的策略。美国语言教育家克拉申的情感过滤假设认为，如果学生学习的情感过滤程度低，不是在焦虑的状态下学习，其语言习得的能力就容易提高。因此，学生要充分意识到情感策略，即控制自己情绪的策略对自己听力学习的重要影响，学会调整自己的状态，充满信心地投入到学习过程中。此外，教师也应尽量帮助学生减轻心理负担和心理压力，消除焦虑，使学生发挥应有水平，达到好的听力理解效果。

二、大学英语听力教学的有效途径

（一）课前准备

在真正进入某一堂课内容的讲授之前，教师应要求学生对将要讲授的内容进行预习，借助网络、书籍和杂志等多种手段搜集与听力内容主题相关的材料，并进行分类整理，在课堂上与其他同学进行交流、分享，或者学生可以选择做有演示文档辅助的课堂展示。教师也应做大量的课前准备工作，对学生的陈述进行补充，介绍听力材料相关的历史、地理、政治概况、风土人情、文化习俗和名人逸事等学生喜闻乐见的内容；

介绍时须配以一定量的图片，条件允许的情况下可以穿插视频，让学生更直接地接收信息；教师还要注意所使用的语言要风趣幽默。通过使大学生熟悉听力材料的相关内容，有助于大学生理解听到的内容[①]。大学生自行查阅相关内容，准备课堂展示的过程可以使大学生接触到听力材料相关的词汇和句型，通过自学收获的知识要远远多于从教师那里被动获取的知识，通过与其他同学的交流和分享，可以使大学生听力和口语的能力得到锻炼。整个课前准备的过程，无论是由教师完成的部分，还是由大学生完成的部分，都能有效地激发大学生学习的兴趣。

（二）课堂教学

1.培养学生听力技巧和正确的听力习惯

听力技巧的传授和听力习惯的培养是必不可少的。做听力练习之前，要求学生务必要审题，对可能听到的问题进行预测。听完后快速复述所听到的内容，把握关键信息。有时，关键信息可能只是某个词。在平时的训练中，要提醒学生注意将自己的中式思维转变成西式思维，从而正确推测、揣摩说话人的隐含意思。

2.结合听力材料的话题进行口语训练

传统的大学英语听力课堂更重视对学生听力技巧的培养，忽视了学生口语能力的提高，即使是在视听说课上，留给学生口语练习的时间也不多。这种重听力、轻口语的做法收获不到很大的成效。因此，学生的英语口语能力对听力能力的提高至关重要。教育工作者应该有意识地在平时的英语听力课和综合课上给予学生足够的英语口语训练时间。至于口语训练的话题，可以与大学英语四级考试紧密联系起来。大学英语四级考试听力部分包括短对话、长对话和短文；所涉及的话题，或考查到的问题包括人物关系、建议措施、地点场景、行为预测和意义解释等。让学生就上述的某一话题，结合历年考试中围绕这一话题出现过的重点单词，两人或四人组成一个小组编写对话并练习。要求必须具备所发生事件完整的起承转合，鼓励学生在对话中使用倒装句、强调句和虚拟语

---

①魏巍，孙嘉彤．高校商务英语课堂多模态教学模式的研究与应用[J]．吉林广播电视大学学报，2022(3)：89-92.

气等大学英语四级考试考查的重点语法。大学生使用这些单词和词组组成对话并演练，然后在课堂上表演出来，让教师和同学对其从单词发音和内容方面进行点评，使大学生及时了解自己需要改进的地方。大学生甚至可以模仿考试，就自己所表演的对话提问，由其他学生回答。反复几次之后，大学生会对这些单词的用法和读音较为熟悉，在录音中就能将它们辨别出来。长此以往，学生的英语听力水平必定能有所提高。这样，教师成了教学过程的组织者、指导者、意义建构的帮助者、促进者，同时，通过由学生自己设置情境的对话练习，强调了建构主义者所倡导的“情境”在教学中的作用。

3. 自上而下与自下而上双向提高听的能力

在视听过程中，教师着眼于语篇水平的理解，着手于语句水平的训练，培养学生具备抓住细节意义，从而达到深刻领会通篇意义的能力。在课堂上，教师先播放视听材料，使学生把注意力放在对篇章的总体把握上，即把重点放在语篇的理解上，而不把思维停留在具体的单词和语句上。其目的是让他们体验交际的真正过程。在这一过程中，学生必须主动利用已有的图式知识进行假设、思考、判断、证实。经过对文章总体的提问及讨论之后，教师对难词及注释给予解释。第一遍视听训练的宗旨就是要培养学生积极思维的习惯，提高对语篇的理解能力。这是听力所要达到的最终目标。因为学习语言就是要进行交际。在日常交际中，人们经常会依靠通篇的上下文以及对话双方的体态语来释意，而且除非有特殊情况，听者在交际中很少有第二次重复听的机会。为了确保听懂口语材料，教师在辨音方面应使学生掌握连读、失去爆破、省音、同化等技巧，在交流中练习词句的重音、节奏、语调。有了这些基础之后，第二遍训练的重点就可以培养学生听写语句、语段等语言技能。可以让学生反复听同一句话（难句或重点句），直到学生给出正确的答案为止。在重点句子听懂之后，再分段听和视听。在这一过程中学生还应根据上下文的逻辑关系、已有的知识、生活经验、词的前后缀知识来加速听力理解的进程。

4.利用英文歌曲进行教学

歌曲是大部分学生喜欢的艺术形式。将歌词难度适中、节奏较慢的歌曲作为听力材料，让学生进行听写练习，可以诱发学生的听音兴趣。教唱英文歌曲可以使大学生自我纠正英语单词的错误发音。同时，利用英文歌曲进行教学也是改变课堂枯燥氛围，使学生在注意力高度集中后放松神经的有效手段之一。

（三）课后自学

教师应当督促学生在课余时间进行自学。除了复习、回顾课堂上所学习的内容外，大学生应努力增加自己的单词量，针对语法薄弱的环节进行练习。另外，教师应鼓励学生大量阅读英文杂志、报纸和书籍，听英文歌曲，赏析经典英文影视作品等。

三、利用不同的听力教学模式对听力进行改进

（一）基于网络多媒体的现代英语专业听力教学新模式建构

网络多媒体技术应用于语言教学以来，对英语专业听力教学方法和教学模式的优化作用主要体现在以下三个方面。

1.优化听前准备活动

在听前准备阶段，教师先通过网络多媒体技术，同时展现重、难点词汇的音、形、义，使学生在各种感官的协同作用下迅速建立对该词汇各方面的联系。教师使用多媒体技术将听力材料所涉及的背景知识展示得更加丰富直观、生动形象，同时用标准的英文进行解说，使学生从更多方面了解目标学习材料，为接下来的听力训练做好铺垫。

2.优化听力教学手段

通过网络多媒体，听力课教师可以更加深刻地展示课堂教学中的常规教学手段，如游戏、讨论和表演等，激发学生对所听语言材料的兴趣。以“配音”练习为例，选取经典影片中的一个片段。首先，教师把这个片段播放一遍，然后隐去画面，让学生再听两至三遍语音。听过之后，让学生试述所听影片片段的梗概。接着，让学生边看边听影片片段，之后再消去声音，让学生给画面配音。这样，学生可接触到真实的语言环境，在

潜移默化中训练了自己的听力，同时也练习了口语。

3.优化听力教学内容

在网络多媒体教室里，以教材为依托，在相近或相同层面上实现多种语言材料的输入，一方面扩大信息量，另一方面创造更多的学习运用英语的机会。教师可选录一些世界主要电台和电视台的英语节目和我国的CCTV-9英语台，作为课堂听力的补充材料。另外，在听力课上适当补充一些多媒体教学片或者影视内容，调动学生的视觉、听觉和口头等多种感官的综合运用。在播放影片的过程中，教师可以针对片中的文化背景和语言难点设计一些练习，或者结合影片中出现的日常用语及文化现象加以说明和讲解，使学生真正体会英语语言在日常生活中的使用。对较易懂的影片，可要求学生背诵一些对白，并模仿影片进行表演。这样的影视学习训练不仅能够提高学生发音的准确性，更重要的是能够创造一个生动的英语学习环境。一些多媒体教学片和经典影片都是非常好的视听材料。

（二）基于认知策略理论的大学英语听力教学模式研究

听力是语言学习者需掌握的一项重要技能，也是进行有效交流的基础。美国认知心理学家约翰·罗伯特·安德森指出，听力理解的过程可划分为三个阶段：感知、解析和应用，他认为这三个过程相互关联，循环往复，并且不断修正。

在听力理解感知阶段，听音者首先将由感觉器官所获得的语音信息保留在感觉记忆中，在此过程中，听者的注意力会集中于听力材料本身，并不断将注意到的新信息存入短时记忆里。由于人体注意力有限，声音信息稍纵即逝，如果听者不能及时提取目的信息，旧信息将很快为新信息所取代，所以听音过程中提高信息的提取速度尤为关键。事实上，大量研究证明，相关认知策略的运用可以提高听力过程中信息提取的效率。

在听力理解解析阶段，听音者会对进入短时记忆的语音信息进行加工解码，这种解码主要以意义暗示或结构特征为基础，涉及主题识别、意群划分、语义结构组合等多种技能，记忆单位表现为单词、短语或句子。

但是此时的语音负载信息不一定能全部转入长时记忆，而短时记忆容量又有限。随着新信息持续输入，未得到及时编码转入长时记忆的信息将很快被清除，并让位于新输入的未解码信息，因此采用一定的认知策略，例如记笔记、回避母语、概括大意、集中于意义等，势必有利于听力理解的顺利推进。

在听力理解应用阶段，输入到听音者大脑中的话语意义会与长时记忆中的知识相结合，从而产生语义理解。由此可见，听力理解效果的好坏是由先验知识的丰富与否以及对先前知识是否及时调度和组织所决定的。人工智能专家们曾形象地把先验模式解释为等级层次形式储存于长期记忆中的一组相互作用的知识结构或构成认知能力的建筑砌块。听者如果能在听音过程中充分运用诸如联想这样的认知策略，合理利用这些联想“建筑砌块”，听力理解应用效果将会大为改观。

在认知观信息处理模式下，听力属于主动型接受性语言能力。听力理解不仅是一个“自上而下”或“自下而上”的信息加工过程，更是一个复杂的认知过程。认知策略对于听力理解各个阶段中信息的筛选、记忆、储存、处理直至理解都有非常大的裨益。听音者如果能在每一环节恰当运用相应的认知策略，听力效率必将大大提升。

第二节 阅读教学模式改革创新策略

针对大学的英语阅读教学，不少学者进行了深入的探索和研究。最近相关研究显示，采用一定的阅读技巧，能够促进学生提升英文阅读速度。在英语阅读教学中，教师应该树立“以学生为本”的教学理念，指导学生体验和享受阅读过程，学会审读和剖析不同体裁的英文读本，让学生在语言感知和思维转变中培养英语阅读兴趣和阅读技能。在大学英语阅读教学中引入互动教学模式，即分别发挥教师的主导作用和学生的主体作用，强调的是师生之间的交流互动，以及学生之间的协调合作。

一、大学英语阅读教学模式的理论基础

对于大学英语阅读教学模式,国内外学者从不同的分类角度进行了研究。比较突出的阅读理论有图式理论。对外语教学模式的研究来说,这一阅读理论具有深刻影响并且被公认为是效果较好的指导理论之一。除此之外,还有其他的理论,包括心理语言学阅读理论、交互型阅读理论、合作学习理论以及体裁分析理论。在模式研究上,研究者们提出了整体语言模式、ISRI教学模式等。

在阅读教学中,一般可以对两种图式知识进行分类,即内容图式和形式图式。内容图式的对象主要是文章的主题,是与文章的内容和范畴有关的。形式图式的对象主要是篇章结构知识,另外,在阅读教学中,还广泛涉及兴趣型教学理论。兴趣型教学强调教学活动的灵活变化,着重培养学生的阅读兴趣,并促进学生掌握内容图式和形式图式,构建文章应有的框架和意义,最终实现快速且高效率的阅读效果和阅读水平。

二、大学英语阅读教学模式分析

(一)任务型教学模式

传统的教学观点认为教师的功用是进行知识的传授。任务型阅读的教学模式改变了这种观点。它要求学生注重了解外在信息,并通过积极调动发散思维,结合已获取的背景知识,不断构建和改善自身的知识结构。在这一过程中,学生要学会选择外部信息并能选择材料进行加工。学生不再是被动的接受对象。课文材料只是阅读教学任务的一部分,阅读教学更重要的内容是借助这一活动提升学生的学习方法和加强对阅读技能的训练。

在任务型教学模式下,课程教学呈现出多元化与多样性的趋势。首先,在教学任务的设计和编排上,考虑的细节越来越严密,在实际中越来越重视语言的形式与意义的结合。在任务的设计和落实上,在实施方案的确立上,都要求英语教师要具有较高的素质,这样才能有效保障任务型教学目标的达成。英语教师在教学理念上要注重更新,在教学艺术上要注重提高。要尽可能利用现代教学媒体,促进信息化教学的开展。

大学英语任务型阅读强调在教师指导下学生的自主学习，它既强调教师的指导作用，又强调学生作为认识主体的作用。在这种模式下，教师不是简单的知识灌输者，而只是阅读意义建构的帮助者和促进者。英语教师在教学过程中，要发挥促进和帮持的作用，督促学生加强阅读学习；在网络资源的利用上，也要注重引导。教师在确立阅读主题方面，可以结合教材进度和教学需要，例如可以让学生针对课文所涉及的内容，在网上查阅更多与课文相关的资料，包括人物的简介、与时代与背景有关的知识；在课堂上，可让学生复述摘要内容；在作业完成方面，要注重学生独立学习的能力和加强对文献参考知识综合运用的能力，进而提高学生对文章阅读理解的水平。

大学英语阅读教学改革也迫切需要任务型教学模式的应用[①]。大学英语阅读在教学内容上要求更加贴近生活和学习实际，反映社会发展需要，能调动学生的积极性。在具体教学中，应强化任务型教学主线，同时注重学生的自主学习，最终在完成教师布置的学习任务基础上，促进学生从机械学习转化为意义与功能阅读，促进学生对语言资源与意义的构建。任务型模式体现了学生对于认知过程、交际能力、信息分析等理念的理解，从而促进学生在语言交流与综合运用上的能力。另外，在教学过程中，适时采用网络环境下的教学。在网络环境下，学生的学习时间更加灵活，所受的空间上的限制也较少。学生可以灵活安排自己的学习，同时在学习方式的选择上比较有主动权，从而能够有效提升学习效率。同时，相比传统教学模式，任务型教学促进学生自行掌控学习进度，有助于学生提升任务学习和自主学习的能力。同时它也能为学生提供学习机会、交流平台以及自我发展的空间，这对进一步发展学生听说读写综合语言训练模式有较大的推动作用。

在任务型教学模式下，学生能充分利用网络环境创造学习条件来探究兴趣热点问题。这对于学生的全面发展以及创新思维能力的培养具有较强的作用，充分体现了把学生看作主体，以老师作为主导的理念，彰显素质教育的特色。任务型教学模式越来越表现出较强的适应性和发

①唐兰，鞠波．高校英语专业英美文学类课程教学模式构建[J]．山东电力高等专科学校学报，2021，24(5)：77-80.

展空间，成为大学英语阅读教学采用的最基本模式之一。

（二）兴趣型教学模式

首先，在阅读教学的开始阶段，教师应加强对兴趣教学的重视，积极重视教学设计活动，促进学生阅读兴趣的不断提高，使学生能养成坚持循环阅读的习惯，不仅使学生能较好地进行阅读活动，而且促进学生以阅读活动为乐趣。另外，兴趣越高，阅读的主动性就越强，因而掌握阅读技能的速度也就越快。激发阅读兴趣也是现代阅读教学中应用图式理论的具体表现。

其次，应该注重超文本阅读模式下的个性化主题阅读。因为学生理解能力各有不同，学习技能也有一定差别，因此在教师设定阅读任务和主题以及学习的目标后，学生应自主地进行个性化阅读活动。根据超文本化的阅读教学特征，阅读者在阅读材料上，可以自主选择适合自己语言水平的阅读内容；另外，结合已有的知识通过多维的、复杂的联想进行知识上的连接。学生之所以实现了从接收信息到获取知识的转化，是因为他们将新的材料与原有的认知结构方式相结合。在超文本模式下，建立一种阅读中活跃的、新奇的联想氛围，使阅读的线性关系和单一的文本开始分解变化，且分离为一系列独立的节点。而这些节点之间又互相联系，从而体现了信息的连贯性和知识的融合性。

（三）合作型教学模式

20世纪70年代合作学习兴起于美国，这是一种新的教学理论与策略。许多国家将合作型教学模式广泛应用于日常教学中。这一模式在具体操作过程中，就是强化分组合作。合作学习通常以小组为基本形式，小组成员之间在共同的学习目标下，相互促进和帮助，在促进自我学习的同时，也带动其他人的学习。合作型教学模式在语言交际教学中比较常用。

在合作型教学模式下，有时可以借助媒体这一工具，使互动性和协作性得到较大程度的体现。师生之间及学生之间主要形成一种互动和协作，这对于推进学习进程及构建阅读意义框架具有重要的作用。通过教师与学生之间的良性互动，学生能根据自身感受，找出在阅读学习过程中存在的问题。这样能促进学生不断改进学习方法,加强对新知识的融会贯通。在合作型教学模式中,也应该充分利用网络工具,搭建师生之间相互交流的桥梁。一般来说,由于课堂时间比较短,所讲内容有限,在课堂上能与老师实现互动的学生人数具有一定的限制,因此传统阅读教学模式存在较大的局限性,因此必须通过合作型教学来促进班级师生间的有效沟通与交流。

除了英语阅读课堂教学之外,教师可以在网络上与学生建立互动与沟通的平台,这也为学生之间的相互交流提供良好的契机。在网络上实现良好互动,可以促进学生及时共享教学内容。在合作型教学模式下,教师也能更好地注重兴趣教学,更注重培养学生阅读的主动性和积极性。阅读活动是一种积极的语言思维活动,学生必须在主动性上下功夫,积极创设语言环境,锻炼英语思维和阅读活动能力。当然,教师也要在英语课堂上尽可能补充一些教学内容,包括当前社会教育及其他方面的热点问题,也可以适当探讨学生感兴趣的一些话题,通过话题转换的多样化来提升兴趣教学的效果,同时增强合作型教学的效果。

三、通过大学英语阅读教学模式提升学生英语应用能力

英语阅读本身是一个连续的认知过程,同时也是一个复杂的过程。而且,各种教学模式也不是单一存在的,必须相互配合,交叉使用。大学英语强调具体行为能力,它实际上是一门具有较强实践性的课程,强调把语言能力内化为具体行为。在传统语言教学往往注重对知识点的讲授和记忆,在一定程度上忽视了对学生英语应用能力的培养。而我国传统的英语等级考试及其他各项考试,过于强调考试分数,学生不得不被动地应付,甚至通过“题海战术”来学习英语,英语应用能力没有根本性提高。

为改变存在的这些现状,实施素质教育,就必须加强对英语教学模式的探索。而在英语阅读这个重要环节上,师生必须深入了解英语阅读教学的有关理论,为探索适合大学英语教学的有效模式打好基础。在英语教学中,要注重改进教学方法,创设情境加强学生的参与性,最重要的是要把语言能力转为英语应用能力,提升学生对英语交流运用的能力。当

前，大学英语教学不仅是知识传授问题，更是一种教学技巧问题，而且现在已经上升到了加强学生素质教育的高度，这具有重要的时代意义。在教学实践中，在加强阅读能力的基础上，要不断提升学生在听、说、写等其他方面能力的协调发展，把语言教学活动同学生的全面发展结合起来；要使语言教学在帮助学生掌握英语知识的同时，提高学生对英语交流运用的能力。另外，通过对大学英语阅读模式的强化训练，致力于培养学生良好的个性和品格，促进学生树立正确的人生观、世界观和价值观，真正发挥教学对人才培养的促进功能。

英语的阅读能力是学生英语综合能力的重要体现，也是不可或缺的一部分，更是大学英语教学中的重要环节。根据教育部公布的《大学英语课程教学要求》，对学生的英语阅读能力提出了三个层次的要求。其中明确指出：能读懂有一定难度的文章，理解其意义；借助词典能阅读英语原版书籍和英语国家报纸杂志上的文章；能比较顺利地阅读与自己专业有关的综述性文献。这要求要加强大学生英语阅读能力的培养，提高学生的阅读量和拓展学生的阅读内容。下面着重讨论研究性教学模式在大学英语阅读教学中的应用。

（一）研究性教学的实施背景

在大学英语课堂中，教师一般会要求学生有一定的阅读量，会确定这个学期要阅读的书目等。广泛的阅读可以帮助学生了解英语国家的风俗人情，扩大知识面，同时也可以培养语感和英语语言表达习惯。但是非英语专业的学生没有特别的英语阅读课程，这就要求教师在综合英语课堂中抽出一定的时间进行一些基本的快速阅读和技能训练。

大学英语阅读教学中引入研究性教学模式可以有效地提高学生的阅读能力。研究性教学模式是指学生在教师指导下，从学习生活和社会生活中选择并确定研究专题，用类似做科学研究的方式，主动地获取知识、应用知识和解决问题的学习活动。这种教学模式的核心是提高学生的自主学习能力和创新能力，并真正做到学以致用。

把这种方式运用到英语阅读教学中，可以使课堂内的阅读教学和学生课外的拓展性阅读结合起来，从而扩大学生的阅读量，提高学生的阅读能力。同时还可以培养学生的信息处理能力和实践能力以及创新能力等。

（二）研究性教学模式的实施基础和依据

这种教学模式已经得到很多理论的有力支持，而且这种教学模式也被很多教师所采用。从理论上，可以列举一些研究性教学的理论基础，从而有力地支持这种教学模式的应用。

首先，从建构主义教学理论的角度来说明研究性教学模式的理论基础。建构主义可以分为激进建构主义、社会性建构主义、社会文化认知观点、信息加工的建构主义、社会建构论和控制论系统。儿童认知发展的研究材料中描述了两种学习类型，即同化和顺应。同化是指在学习过程中，新的信息被融入学习者的现有知识系统；顺应是指当学习者接受新的知识的时候，需要调整原有的知识结构以纳入新的知识。这些观点的提出为建构主义教育理论奠定了基础。而建构主义教育论主张“学习者应该通过合作学习，相互交流，互相补充，使理解更为丰富全面”。由此可见，学习不是由教师向学生传递知识，而是由学生自己构建知识的过程，学生不是被动的信息吸收者。

其次，从人本主义教学理论的角度来说明研究性教学模式的可行性。美国人本主义心理学家罗杰斯指出：学习是学生自我评价的，学生必须亲身参与到各项学习活动中去，并且需要全身心地投入各项教育活动，只有这样才能激发学生的学习兴趣和热情，并使得学生持续学习。

（三）研究性教学模式的实施策略

很多学者对研究性教学模式提出了自己的意见。总体来讲，学习需要通过激发创造性思维，在实践中不断地锻炼才能发挥出来。在英语阅读的教学中就更需要这种教学方式。除了这些理论的支撑外，在实际运用这种教学方式的时候，还需要一些其他的基础来支持。

首先，需要教师的支持和配合。教师是教学环节的一个主体之一。教师要运用研究性教学方法来讲授大学英语阅读课程时，要做好各方面的准备。教师在这个过程中扮演的角色是研究性学习的一个引导者和指导者。另外，教师要注意不能将学习的重点仅放在生词难词解释、学生朗读等方面。教师要运用各种策略使学生进入到这样的学习状态当中,并积极主动地参与到研究中。在教师成功实施研究性教学策略的情境下,学生既是研究性学习活动的主动者,又是教师研究性教学策略的受动者。这个策略的目的是要让学生去积极主动地学习和运用所学的东西。教师可以根据一些话题,设计问题、讨论话题以及实验,引导学生去亲自尝试和探索,并在心理和方法上提供一定的支持和帮助,使学生不断地调整原有经验,吸纳外来的知识,构建新的经验,从而促进自身的提高和发展。研究性教学对教师的素质提出了极高的要求,要求教师要有较高的素质水平。教师也应该了解一些基本的科学研究方法,以便更好地指导学生进行研究性的学习。有学者指出,教师在这个过程要有责任感,对学生负责;教师要真诚和公平,正确对待学生的各种研究及成果;教师还应具有同情心,对于一些在研究上有困难的学生,教师应该及时地给予大力的帮助;教师也可以成为学生研究小组的成员,参与到学生的活动中去。

其次,阅读材料的准备。在大学英语阅读研究性教学中,教师选用的教材可以是开启研究课题的大方向,也可以是学生研究小组基于自己选择的研究专题而选择的阅读材料。无论是教师还是学生,在选择阅读教材时应注意,语言难度适中,要有一定的实用性、话题性,最好有一定的趣味性。教师在选择材料时应该紧扣主题,为学生的研究提供一定的方向。学生在选择阅读材料时,可以选取一些英文报纸的读物,还可以使用学校的文献数据库查询与研究专题相关的论文、期刊和文章。在大量的网络资源中,学生要做好筛选工作,要找到和研究主题相关的文章资料,将信息组合,处理,最终形成自己所需要的东西。在这个过程中,教师和学生、学生和学生之间的沟通变得更为迅速和有效,这就达到了训练学生合作和创新的能力。

最后,教学中的另一个主体——实践小组的成员,即全体学生。教师将学生分成小组,在课中通过协作学习的形式进行专题研究活动。这样可以使学生积极主动地去学习,以加强团队的合作能力,运用语言知识的能力和主动建构知识的能力。教师在大学英语阅读研究性教学活动中应注意以下三个方面的问题:第一,研究活动要有一定的主体,这个主体可以是教师指出的,也可以是学生自己设置的。教师可以确定大范围,学生具体定题的方法。第二,教师应该强调活动的要素分析和基本流程的分析,以免学生出现无从下手的情况。老师应该指导学生理清思路,确定活动流程,使研究活动顺利进行。第三,教师应该向学生提出专题活动的评价标准,来保证学生不偏离轨道。

四、在大学英语教学中运用阅读教学法的主要理论依据

(一)图式理论

图式理论概念最早来自19世纪德国哲学家康德。该理论从认知心理学、语用学、信息处理和人工智能等方面为阅读提供了一个崭新的视角,对阅读过程和模式具有积极的指导意义。它所倡导的阅读观已越来越受到广大教师的重视。

图式阅读理论认为,图式是认知的基础,是储存于大脑记忆中用于表达一般概念的知识构架。人们在接受新信息前,头脑中已经储存了无数的知识(即图式)。它包括个人以往的经验、事实或已学过的知识等,它们经过加工,分门别类地储存在大脑之中,组合成图式网络,给读者提供一种参考系,使读者能够正确理解所阅读的材料。在阅读时,读者会迅速地从记忆中调用此图式,不断地对材料中所提供的信息进行选验、预见、验证、肯定或修正。当图式中的某些组成部分与文章信息相互作用时,读者才能理解文章内容,否则就会产生误解,出现阅读障碍。

在阅读过程中,词语理解和篇章理解都离不开图式。图式对于新信息的组织、加工具有重要意义。它能培养和激发学生的创造性思维,强调以学生为中心的教学方法,因此,用图式理论指导阅读教学必将对阅读效率产生积极作用。

(二)输入假说理论

美国语言学家克拉申的输入假说理论认为,语言习得有赖于大量的语言输入,必须为学习者提供所需的足够数量的输入。学习者首先接触大量易懂的实际语言,通过上下文和情景理解其意思。这样,就自然学

会了寓于交际语言中的句子结构和语法规则。大量的英文阅读可以满足学生的语言输入量,弥补课本知识的局限性。语言输入的质量与数量同样重要。质量即难度,难度过高或过低,都会导致学生无法理解和吸收语言知识。因此,针对不同程度的学生,应具体情况具体分析,选用不同难度和形式的阅读材料,以增强输入的吸收效果。此外,教学实践表明,语言输出与输入同样重要,教师还应注重学生的语言输出。只有能够准确、流利地表达自己的思想,才算是真正学会了外语。

第三节 口语教学模式改革创新策略

一、大学英语口语教学中交互式教学模式的应用

随着经济"全球化"的发展和国际交往的日益频繁,社会对于大学毕业生的英语能力,尤其是英语实际运用水平提出了更高要求。培养和提高大学生的听说能力,特别是口语表达能力,已经成为当前大学英语教学的核心内容之一。然而,传统的大学口语教学主要以单一的知识传授为主,学生在课堂中得不到充分的锻炼,口语实际应用水平难以提高。因此,引进新的教学模式,变革落后的教学方法,是改善教学效果、提高学生英语口语水平的必然选择。

我国的许多学生从小学就开始学习英语,但到了硕士、博士阶段仍过不了口语关。虽然这几年,大学英语口语教学受到了充分的重视,但仍然"费时低效"。当今社会发展迅速,我国与世界的联系更加密切,这对大学生的口语交际能力提出了更高的要求。交互式英语口语教学法便是值得一试并加以推广运用的口语教学方法之一。

从目前的情况来看,大多数高校的英语口语教学并不让人满意。在一些高校里,英语口语课程只是针对英语专业的学生开设,而对于那些非英语专业的学生来讲,大学英语只进行单一的听、说、读、写的学习和训练。特别是在应试教育的背景下,大学生的英语学习更注重听和写,

“哑巴英语”现象随处可见。而从目前的大学英语的听说教学情况来看，多数高校重听力，轻口语；重教师的主导作用，轻学生的主动参与作用。大多数英语教师认为目前的大学英语考试仍然注重对学生的听和写的考查，而说和读并不显得十分重要。

针对当前的大学英语口语教学中存在的上述问题，分析其形成的原因，主要有以下几个方面：一是缺乏语言环境。当前高校开展英语教学，主要是在汉语的环境下进行的，除了每周上几节英语课之外，学生其他时间接触英语的机会是十分有限的。而在日常教学中，英语口语交流也是在假定的环境下进行的。二是受传统教学方法的影响。传统的英语教学主要采用汉语来教英语，把“翻译”作为学习掌握英语的手段，口语教学几乎被省略。三是一些高校英语教师的口语水平偏低。由于部分高校教师的口语水平有限，使教师在日常教学中使用口语较少，有的教师发音不准，还会给学生带来负面影响。四是学生人数多。我国高校班级人员的编制在30～40人之间，而且很多高校惯上“大课”，每一节英语课几乎都达到60～120人，学生很少有机会参加讨论和发言，也很难组织开展口语练习。

（一）交互式教学模式的理论依据

“交互”一词来自德国社会学家齐美尔1908年所著的《社会学》一书，交互是一种最基本、最普遍的日常生活现象。交互式教学是指教学过程中既要充分发挥教师的积极性，又要充分调动学生的积极性，师生在同一个教学目标下共同发挥作用，形成师生之间相互对话、相互交流、相互促进的一种教学行为。这种教学行为具有平等民主性、互促互补性、全员参与性的特点。它把教育教学活动看成是师生之间的交往、沟通，把教学过程看作是一个动态发展的教与学统一的交互影响和交互活动的过程。

交互式教学模式是以主体间性理论为哲学基础。主体间性理论用主主关系模式取代了传统的主客体关系模式，强调了人与人之间、群体与群体之间的交互主体性，主张通过相互理解和沟通促进各主体的和谐发展。在这一理论指导下，师生之间、生生之间、群体之间都存在交互主体性。教学不再局限于教师单纯的授课,而是让不同主体发挥能动性,鼓励各类主体相互沟通与合作,促进各自发展。此外,交互式教学模式还受到建构主义心理学的启发和指导。建构主义认为,知识不是通过教师授课获得,而是学生在一定情境中,通过人与人之间的会话等协作方式实现意义建构。个体主体性在建构中起决定作用。因此,教学过程中教师不再对学生进行知识灌输,而是培养他们意义建构的能力,帮助他们体验学习、掌握知识。在这些理论基础上产生的交互式教学模式充分尊重学生的主观能动性,重视他们交际能力的培养,提倡在师生之间、生生之间和群体之间建立起相互沟通、相互启发、相互学习、相互促进的一种相对稳定的教学活动模式,促进学生知识的建构和积累。

在交互式教学模式下,英语口语的教学目标不再局限于培养学生的语法和语言能力,而是以交际能力为重点,引导其大量运用现实语言功能实现信息交流。英语教师不再是片面地传授语言知识,而是从知识的传播者变成技能的培训者,启发学生意识英语口语技能的重要性,积极为学生巧设语言锻炼机会,鼓励学生不断练习、实践,通过分析、类比等方法帮助学生掌握运用该语言的能力。

(二)交互式教学模式在口语教学中的具体运用

口语是相对于书面语来说的,包含听说两个方面,口语又分为主动口语和被动口语,主动口语指的是“说”,而被动口语指的是“听”。口语是人与人之间需要面对面的口头表达的语言,是人们使用最频繁的交际工具,在实际的交际活动中,口语占有极大的比例。

交互式英语口语教学有以下几个特征:一是即时性,在交互式口语中,人们一般不可能事先准备好每一段话,更多的情况是边思考边表达;二是交互性,说话人与听话人相互之间会有一定的提示与补充;三是情景性,对话需要情景的控制,如果没有情景的控制,即便是同样的话题和内容,其表达方式也不尽相同。

当今在校本科非英语专业学生的英语口语主要存着下述几点情况。一方面,学生的总体口语水平不高。具体体现在:首先,一部分学生的语言基础相对薄弱,单词和语法掌握不牢固,语音不标准,从而限制了其口语表达能力的提高。另外,由于受到母语思维的影响,有些学生习惯先用汉语思考再翻译成英文,说出的句子是中国式英语,不符合英语语言习惯。其次,也有一部分学生对自身的口语缺乏信心而羞于开口,甚至到了毕业时英语口语仍然没有得到提高。但是,大多数学生已经意识到英语口语的重要性,有提高英语口语水平的渴望,同时也愿意参与到英语课堂活动中来。

交互式教学活动法主要包括全班活动法、小组活动法及个体活动法三种方式。针对目前大学生的英语口语现状,综合应用了这三种方法,努力创造机会促使学生进行口语交际训练。

全班活动法是口语教学中的重要方法。它要求教师设计的课堂活动难度应符合学生的总体语言水平,活动形式多样化,且尽可能让学生完全置身于一种听、说的英语世界中。在日常口语教学中,采用了一些与课堂主题相关同时又兼具趣味性、寓教于乐的英语游戏。比如,在英语课上的准备阶段中,用传递英语绕口令的游戏让学生预热起来,以便为下一个环节的主题讨论做好情绪上的准备;在复习英语单词时,让一个学生背对黑板猜测单词,全班同学轮流用英语向他解释,使枯燥的单词背诵变得生动有趣;在口语训练时,给出一个句子,让全班学生进行句子接龙、故事接龙的游戏等等。这些生动有趣的英语游戏为口语教学营造了轻松愉快的氛围。

与全班活动法相比,小组活动法为学生口语练习创造了更为宽松的环境,大大减轻了一部分学生害怕发言的心理压力。此外,小组交流机会远多于全班交流,从而能加快学习速度、提高效率;同时,组内成员间的合作和讨论也有益于集思广益、相互促进。小组活动法是在口语教学过程中最常用的方法。以学生自由组合方式将全班分成若干小组,每组4~6名学生。学生组合完毕,令各小组商议该小组的英文名并推荐代表,负责汇集组员的意见并以尽可能清晰、明确的英文句子向全班解释该组名的含义。此外,每组还要推荐一名组长,负责协调组内分工、安排组员轮流发言、保证机会均等。有了小组后,在接下来的教学过程中,就可以组织学生就课文相关问题展开研究并将小组的研究成果向全班展示。相对于上述两种方法,个体活动法则更加强调学生的自主学习,注重个体学生之间水平的差异性,使学生能结合自身的学习状况调整学习。这种方法特别适用于课文教学中的导入环节。在这一环节中,向学生提出一些与课文相关且贴近生活的问题,引发他们积极思考。考虑到一部分学生语言基础相对薄弱、口头表述能力较差的情况,提前一次课把问题布置给学生,让他们针对回答问题中可能出现的困难查询字典、翻阅资料、询问其他同学。学生的每次回答都要进行登记和评估,目的是提醒学生重视口语活动,同时针对性地指导也能促使学生提高口语水平。个体活动法使每个学生都有机会实践语言技能,同时也兼顾到不同层次的学生情况,避免有些问题太难而挫伤学生的积极性,也有利于学优生带动学困生,促进共同进步。

1.教师与学生交互

教师与学生交互分为几个类型。根据教师的行为对象划分,可以将教师与学生交互分为师个交互、师班交互和师组交互;根据师生行为属性划分,可以将教师与学生交互分为控制与服从型交互、控制与反控制交互、磋商型交互。

在大学英语口语教学中师生交互的教学形式:

一是示范—模仿式。这是以教师活动为主的交互形式。教师通过示范发音、示范操作活动、示范朗读技巧等,向学生传递和教授信息、技巧。模仿是学生根据教师的示范做,从而使学生获得技能,掌握要领。除了语音和语调的教学之外,交互式教学还可以在交际策略和域外文化培养上起到重要的作用。例如,在训练学生的交际策略中的间接请求帮助上,要求学生在不知道或忘记某个词语时,用自己的话来说明和概括,并可以加上手势,最终让对方能够听明白词语的意思。

二是提问—回答式。这是教师和学生共同活动的交互教学形式。问答法中,教师根据学生已掌握的知识和经验进行提问,并指导学生如何回答问题。教师通过提出问题来提高学生的注意力,也可以引发学生对问题的积极思考,有利于学生口头表达能力的培养和提高。当然,提问越多不代表越好,它不是万能的,如果提问不恰当的话会造成负面的影响。例如，一些学生惧怕上课被老师提问，只有口语课上能够引发全体学生思考的提问才是成功的“提问”。在交互式英语口语教学中，教师通常会使用一连串的提问，而在传统的教学方式中，这个方法并不经常使用。老师的一连串提问会给学生带来表达的机会，让学生能够自然地进入语境，不会因为突然开口讲英语而感到不自在。

教师与学生的交互应该采取以下几种策略：一是设定情景。教师在备课时，必须设定与教学内容相关的情景，并且根据语言的环境和意义进行“真实性”训练，使语言形式和语言意义都与教学内容相联系，从而培养学生的口语能力。设定情景的方法很多，例如，生活呈现情景、语言描述情景、动作演示情景、直观教具呈现情景等。二是掌握域外文化背景。口语交互式教学不能脱离英语国家的文化习惯。如西方人十分注重个人的隐私，年龄、婚姻、个人收入等。三是情感交融。教师与学生交互不仅是传授知识的过程，也是情感交流的过程。教师在融洽师生情感时，要注意从以下几个方面入手，第一，注意教师与学生互爱；第二，要注意教学的民主；第三，用情感去激发和感染学生，引起学生的共鸣。

2. 同学之间交互

同学之间交互有助于培养学生相互帮助的合作精神，容易使学生实现由被动接受教学转向主动接受教学，也有利于提高学生的思维能力。

学生之间的交互有以下几种方式：一是以学生个体对全体同学为主的交互形式，包括值日报告和演讲。值日报告内容不限，可以将读到的或听到的新闻，以及个人对一些事件的感受进行交流。学生做完报告后，教师作出适当的点评，用两三分钟时间让全体同学进行讨论。这种形式不但锻炼了学生的胆量和勇气，还大大提高了学生的口语表达能力。演讲不同于表演或谈话，表述方式也比较有难度，演讲前可以给学生3～5分钟的准备时间，然后做2～3分钟的演讲。学生演讲之后，教师或学生可以就演讲的内容向演讲者提一到两个问题。

二是集体活动为主的交互形式。集体活动最主要的价值在于能够通过讨论和会话，激发学生的口语表达热情。在英语口语交互式教学中，集体活动几乎是必不可缺的。

另外,有些学生害怕在“大庭广众”下说英语,害怕讲错而受到教师的批评和同学的嘲笑,感觉这样很丢面子。而在人数很少的集体里讲英语,他们感觉要自然得多。集体活动常以完成任务的形式来进行。

3. 与教学氛围交互

教学氛围通常被认为是隐性课程,因为氛围是“无声的教材”,是通过学生的感知器官潜移默化对他们产生影响,进而影响教学效果。因此,不能忽视教学氛围对学生获取知识、提高学习效率所起的作用。尤其在英语口语课上,更要创造良好的氛围,使学生处于轻松、有利于交流的状态,才能使学生想说、愿说、能说。如果教师不能有意识地设计和创造良好的教学氛围,即使教学内容适当,教学方法有效,教师尽职尽责,也很难达到理想效果。

4. 与教学媒体交互

教学媒体是教学过程中介于教与学之间,携带并传递教学信息,促进教师与学生信息相互交流的工具。教学媒体可分为两大类:传统教学媒体和现代教学媒体。

传统教学媒体主要指非放映性视觉媒体,通常包括教科书、图文资料、报刊、插图、表格、图表及黑板、实物、模型、标本等。现代教学媒体为:幻灯、投影、广播、录音、电子音响、电影、电视、多媒体计算机辅助教学系统、语言实验室教学系统、程序教学系统及网络系统等。

与教学媒体交互有利于引导学生主动参与各种探索活动,有利于培养学生主动获得知识的积极性,能够使学生进行多层次、多角度的思考与判断,增强学习英语的情境真实性。学生能通过画面、纯真的语言、标准的语调进行直接思维和学习。

交互式英语口语教学蕴含着巨大的生命力,有利于激发学生兴趣,调动其积极性和主动性,使学生做到想说,能说,会说。通过交互式口语教学方法的实践,使学生学习口语的情感态度发生了明显变化,学生对交互式教学方法持认可态度,并且在语言知识、交际策略和域外文化交际能力上都会有很大的提高。

（三）交互式教学模式在教学实践中的原则

首先，应努力在教师与学生之间、学生与学生之间建立起平等、包容的交际关系。教师与学生虽有年龄大小、阅历深浅、知识多寡以及社会分工等差异，但在教学这一交际活动中，应力求做到师生平等。教师应尽量避免居高临下地谈话方式，而应把自己放在与学生同等的地位，变学生为朋友，变训斥为开导，用鼓励代替惩罚，努力营造轻松的教学氛围。只有这样，学生才会积极主动参与教学活动，产生师生互动的合力效应，最大限度地提高教学效果。

其次，在口语教学中教师应该把大部分时间留给学生，将学生口语能力的提高重点放在“学”而不在“教”。毕竟，教师的讲授无论多么生动和深刻，也只能传递有限的信息，只有学生真正掌握了语言技巧并且勤加练习，才能真正提高口语水平。这正如古人所说，“讲之功有限，习之功无已”。因此，教师应将教学重心转移到激发学生学习动机、设计学习任务、组织课堂活动和监督学习过程上来，对学生的学习情况进行及时和善意的点评，引导他们通过刻苦扎实的训练不断提高口语水平。

此外，为了进一步改善口语教学效果，应建立起更为合理的教学评价体系。传统的评价标准主要是检验学生的语言应用能力，忽视了学生的动机、态度、意志、创造力等难以量化的重要因素。这种评价标准往往使口语基础较差的学生长期处于失败的地位而导致自信心失落和学习动力不足，不利于保护学生的积极性。应当根据口语课的特点，建立起形成性评价与终结性评价相结合的评价体系。其中，形成性评价主要是用于衡量学生在教学过程中的参与程度，以此激发他们参与学习的主动性，鼓励他们通过自由交流、开展游戏、角色扮演、亲身体验等形式多样的口语活动，充分感受学习的喜悦，对学生在学习过程中的努力给予及时的肯定。终结性评价主要用于期末考试，其目的在于测量学生在经过一段时间后达到的实际口语水平。教师可以适时根据学生的学习情况，对两种评价的权重进行调整。有时为了鼓励学生参与口语训练，可以有意缩小期终考试成绩的比重。

交互式教学模式使得大学英语口语教学的重心实现了从教师传授知

识到培养学生语言交际能力的转移，顺应了素质教育的要求，也是创新教学方法的一项大胆而有效地尝试。当然，培养学生的口语表达能力是一项长期艰苦的工作，非一朝一夕即可完成。作为大学教师，我们只有与时俱进，用先进的教学理念武装头脑，积极改革教学模式，及时总结教学经验，才能不断提高自身的教学水平。

二、多模态视野下大学英语口语课堂教学模式的构建

随着时代的发展，大学毕业生口语能力受到用人单位的普遍重视，然而许多大学生在多年的英语学习后，仍然无法说出一口流利的英语。调查显示，用人单位对近年来大学生英语综合能力感到不满，他们认为只有少数大学生具备较强的英语口语能力，而绝大部分大学生口语能力较差或很差。造成这种状态的原因十分复杂，但大学英语口语教学中存在的弊端却是影响大学生口语交际能力的重要因素之一。

自多媒体技术走进课堂后，外语教学活动也逐渐呈现出数字化和多模态化的特点，这为推进大学英语口语教学，构建多模态化的口语课堂模式提供了可能性。模态是指实现话语交际的符号资源，它可以通过一种或几种媒介来实现。我们感受外界的视觉、听觉、触觉就是感觉模态，而感觉所借助的工具，眼耳手就是媒介。多模态就是交际时所使用的多种模态，如语言、颜色、味道、图像等。多模态话语则是指人们运用听觉、视觉、触觉等多种感官，以语言、图像、声音、动作等符号资源为媒介来进行交际的现象。

我国从21世纪初开始重视对多模态话语的研究，胡壮麟从理论和实践的角度研究了多模态化和意义的多模态构建；朱永生分析了多模态话语的理论基础及其研究方法；张德禄探讨了在多模态视野下如何运用现代多媒体技术为外语教学实践提供辅助条件和有效指导等[①]。然而目前国内对于将多模态教学手段应用于英语口语教学方面的研究，还没有形成系统化的理论和模型，本文在吸收前人研究成果的基础上，探讨在多模态环境中，如何利用各种模态的交互来构建新型的大学英语口语课堂

①吴晗．新媒体时代高校英语教学的生态特征及教学模式探讨[J]．环境工程，2022，40(5):283.

教学模式。

(一)大学英语口语教学中存在的问题

目前的大学英语口语课堂中,教学时间有限,且大部分时间都被教师的讲解占用,学生被动接受知识,缺乏口语表达的机会,课堂气氛沉闷,许多学生认为口语课可有可无,经常缺席。主要从教师、学生、教学环境三方面来分析造成当下大学口语课教学效果不佳的原因。

1.教师的教学模式无法适应学生的需求

中国学生的口语练习主要通过课堂教学习得,课堂上教师讲授的语言知识仅仅是陈述性知识,只有通过在具体真实的交际活动中获得某种意识,这些知识才能自动转化为语言技能,纯粹知识的讲解对获得实际的语言交际能力基本起不到关键作用。然而在当前的口语课堂中,教师仍然占据主导地位,学生的语言输入主要依靠教师话语这一单一模态,教师一味地满堂灌,真正留给学生的时间太少,远不能满足学生大量输出的需求。

尽管信息技术在外语教学中得到了一些应用,但大部分教师在上口语课时仍然依循传统的教学方法和模式。比如,在大学英语口语课堂里,许多教师青睐于使用多媒体课件来辅助教学,但从多媒体课件的设计来看,教师在模态的运用上比较单一,并没有起到全方位调动学生各种感官的作用,造成这类问题的根本原因在于教师并未根据多媒体的特点采用更新的更有效地教学方法和教学模式。

2.学生在口语学习中自我效能感低下

根据班杜拉的学习动机理论,自我效能是指个体对自己是否能成功进行某一行为的能力的主观判断,它影响着个体对行为的选择,付出多大努力以及坚持多久。

目前中国大学生在进行口语表达时普遍不自信,在课堂上羞于开口,不肯主动发言,更不愿意与外国人交流。越不敢开口越不会说,越不会说就越是不开口,形成了一个恶性循环。由此可见,学生自我效能感低下,对口语学习有一定负面影响。

3.外语教学环境不够完善

实践证明,口语教学中创设的情境越真实,学习效果就越好。在目前大学英语口语教学实践中,通常无法将真实的交际情境直接提供给学习者,这就需要借助现代信息技术来呈现多模态化的教学情境。良好的多模态外语教学环境需要场景、教具、传播媒介等多种条件的支持,然而目前许多大学的外语教学环境仍不够完善,这直接影响口语教学的实际效果。硬件设施的缺乏在一定程度上阻碍并制约着大学英语口语课堂向多模态方向发展。

(二)构建多模态化的大学英语口语课堂模式

1.教师角色的转变:从主控者到设计师

构建多模态化的大学英语口语课堂模式,意味着教师角色的转变。教师角色由主控者过渡到设计师,需要开设相关课程,加强教师的理论素养及多模态读写的教学能力,同时学校还可以组织教学观摩、讲座、研讨会以促进教师之间的信息资源共享,提高教师的教学应对能力。

教师将不再局限于过去模态单一,由教师主控一切的教学模式,而是积极采用多模态教学手段,整合各种音频、网络资源和教学软件,实现各种模态的优化组合,设计出图、文、声、形融于一体的口语课,全方位、多层次地刺激学生,使他们从各种渠道感知语言材料。同时,教师应坚持资源最优化配置原则,满足学生的个性化需求,使学生能够有效掌握交际原则,深刻理解语言形式和语言内涵之间的内在联系,从而提高口语表达能力。

2.学生角色的转变:从被动参与到主动创造

多模态化的大学英语口语课堂模式,要求学生由过去的被动参与者变成主动创造者。教师可通过在班级营造竞争气氛来调动学生的积极性,如采取小组竞赛制、个人奖励等。同时,教师应改变过去单一的评价方式,制定评价表记录学生的课堂表现,作为平时成绩列入期末考核。

现代多媒体技术以不同的形式将丰富、地道的语言材料呈现在学生面前,需要他们调动各种感官去吸收。课堂上丰富多彩的活动,需要学生亲自去参与,学生成为了课堂的主人公,他们必须充分发挥想象力和主动性完成一个个富有趣味,充满挑战性的任务,创造出课堂教学中的闪光点。

3.教学活动

口语教学应将语言形式,语言内容和交际规则三大板块融合成一个整体。学生在口语练习中要尽量做到言之有物,避免讲话内容空洞,不切主题。对比传统口语课堂上主要依靠教师讲解这一单一模态,在多模态教学环境下,教师可以利用与主题相关的图片甚至实物来刺激学生的感官意识,以三维、立体的方式对学生进行信息输入。例如,在上一堂以运动为话题的口语课时,教师可以先向学生展示一系列相关图片并配上讲解。在学生具备了一定相关知识和词汇后要求他们把自己想象成某个运动协会的会长,需要为自己的协会设计一幅招募新成员的海报,并根据海报内容编一段富有吸引力的纳新宣言。学生在准备完毕后,可依次上台表演,最后招募到会员人数最多的学生将得到奖励。教师将口语课堂的教学内容与现实生活联系在一起,有利于学生将现实中的交际规则迁移到课堂中来。只有将语言知识和技能融入到真实自然的语言环境里,学生才能主动地掌握语言。大学生在入学初都经历过社团纳新,因此在面对这个话题时容易产生亲切感,在形式新颖的课堂活动中掌握口语交际策略。教师要求学生亲手制作海报,是利用触觉模态为学生营造交际的真实感,帮助他们消除紧张、懈怠的情绪,在宽松的课堂气氛中进行实战训练,激发学生的交际欲望,切实提高他们的口语能力。

以影视为载体是比较常见的教学方式,它主要指教师借助影视材料中的音频和视频材料辅助教学,强化对学生的语言输入。教师选择的影视材料既可以是原版电影,也可以是新闻视频,或者是从某个节目中截取的片段。将影视教学运用到英语口语课堂中并非单纯的影视赏析,一般在学生正式观看前,教师要给学生布置相应的任务,如要求学生猜测视频中人物的身份、事件的来龙去脉。整个教学过程是在教师布置的各个任务中逐步推进的。教师可以先让学生观看一段15分钟左右、无字幕、无声音的视频片段(视频片段取自某部年代较久远的小众电影,学生先前没有看过),然后将学生按照电影里出现的角色人数分成若干组,要求他们发挥自己的想象力为电影片段中的角色配上台词内容，现场表演即兴配音。学生根据小组讨论的结果分配角色，每组有10分钟准备时间，准备完毕后依次上台表演。所有组表演结束后，由教师播放视频原版的内容进行比较。学生丰富的想象力有利于营造活泼的课堂气氛，达到良好的教学效果。在这个案例中，教师设计的“影视配音”让学生通过视觉和视频进行互动，然后根据他们的巧妙构思设计出合理的情节。轻松、愉快的教学环境激发了学生的主动性和学习兴趣，自我效能感也在无形中提高，用英语表达变得不再那么困难。

在设计一堂以风景名胜为话题的口语课时，教师可以先在课前要求学生搜集家乡、母校的照片或录像并做成课件，然后在正式上课时，放一段从英文旅游节目中截取的视频，内容可以是针对某著名景点的介绍。教师协助学生归纳出视频中与旅游有关的典型句式和高频词汇，以供学生在之后的口语练习中参考使用；接着教师布置给学生一个任务：担任导游。学生可以结合事先准备好的课件，用英语向大家介绍母校或家乡的风光。在这个案例中，教师鼓励学生运用所学向别人介绍家乡或母校的风光，有利于引起学生的感情共鸣，领会到说英语的乐趣。在活动过程中，教师负责为学生录像，并从中挑选一些较好的录像，和学生一起观看点评。学生学会借助图片、照片等工具来辅助他们的口语表达，利用多模态之间的协调性，能够有效地还原社会交际的本来面目，其多模态处理信息能力也在无形中得到了提高。

文化扎根于语言，多模态的教学手段能有效地将文化内涵和语言学习结合起来。以英语口语课堂中常见的活动形式——话剧表演为例，学生可以通过排练话剧，体会剧中人物的情感，然后以自己的方式表演出来，这既练习了学生的口语，也考验了他们的表现力与感染力，能够有效地将文化意识融于口语实践中。以一堂采用话剧表演形式的口语课为例，教师提供给学生《哈姆雷特》的英文剧本，学生自发组成若干个小剧组，根据组员的讨论安排表演片段并分派角色。正式上课时共有3个小组，分别表演剧本中3个不同的场景片段。学生为了更好地还原剧本原貌，都使用了背景音乐来烘托气氛；有的学生为了使表演活灵活现，竭力模仿剧本中人物的举止习惯、言表谈吐；更有一个小组特意装扮成剧中人物的模样。

教师在整堂课中没有插手学生的表演，一直充当着台下的观众，仅在表演结束后，针对每组的亮点或缺陷提出了自己的看法，并与学生共同讨论。学生的话剧表演，将服饰、发型、道具等静态资源和声音、表情、动作等动态资源都纳入口语实践过程中，这种真实的语言环境能帮助他们摆脱母语思维模式的羁绊，调动感官及大脑对语言信息的综合反应，自然地吸纳语言。同时视听模态的融合，给学生全方位、多感官的体验，能更好地向学生传达语言中的文化内涵，培养他们的多模态话语交际能力。积极的模态配合能产生正面作用，而消极的模态配合有可能导致负面效应。教师在对模态进行选择时应从实际角度来衡量，适当借助多模态元素。在构建多模态化的大学口语课堂模式时，应以教学内容为主线，有针对性地甄选相关材料，求精不求多，避免出现喧宾夺主，本末倒置的现象。否则，大量声色俱佳的多媒体信息充斥于课堂，容易分散学生的注意力，影响课堂教学效果，且过度堆积的信息资料也会使学生疲于接受、难以消化。

三、大学英语口语教学模式和实践

教育部高教司于2004年颁布《大学英语课程教学要求（试行）》（以下简称《课程要求》）标志着新一轮教学改革的全面启动。《课程要求》指出，大学英语的教学目标是“培养学生的英语综合应用能力，特别是听说能力，使他们在今后的工作和社会交往中能用英语有效地进行口头和书面的信息交流，同时增强其自主学习能力，提高综合文化素养，以适应我国社会发展和国际交流的需要。”显然，大学英语教学改革新的课程要求从根本上改变传统的教学理念，提出“培养学生的综合应用能力”的目标，并将听说能力作为体现综合应用能力的关键要素之一。

在充分理解《课程要求》精神的基础上，突出大学英语教改中口语教学的重要性，高校外语教育系大英教改项目组（教育部大学英语教改样板单位）构建了以计算机网络视听说自主学习+多媒体读写译大班授课+口语小班辅导（25～30人）的教学平台，特别将口语课设置为一门独立的课型,对其进行了深入的实践探索。

(一)更新教学观念,构建英语口语教学模式

长期以来,我国的大学英语教学中能够体现"听说能力"培养和训练的"口语教学"只是作为一种教学手段被纳入灌输式的教学过程中,而没有作为独立的课型受到应有的重视。据中国外语教育研究中心在我国48所院校的900多名大学英语教师中进行的问卷调查中显示,只有3%的教师对学生要求口语活动,说明大学口语教学长期缺位,并造就了一代又一代"听不懂""说不出"、难于交流的"哑巴"外语人才。其结果不仅违背了语言的交际功能,更缺失了对学生综合素质的培养。因此,更新教育观念,把握语言学习特点,建立口语独立课型,创建口语教学模式势在必行。基于上述认识,在英语口语教学中,我们根据口语教学的基本特点,设计了有效地、互动合作式教学模式。该模式倡导尊重学生的人格和个性,构建平等的师生关系,强调师生互动、生生互动、课内课外互动的教学过程,以多样化的教学方式、方法激发学生的学习兴趣,培养学生学习的主动性和自主性,在生动活泼的教学活动过程中实施听说能力的培养。同时使学习在课堂以外得以延续。该教学模式除传授一般的语言知识与技能外,更加注重对语言运用能力和自主学习能力的培养,顺应了新"课程要求"对教学模式转变的要求。

(二)英语口语教学模式的实践探索

口语教学应以师生互动、生生互动、课内课外互动的方式贯穿于大学学习生活之中。如何既利用好课堂教学的有限时间,又能将课堂教学延续到课外,高效地完成口语教学,需要增强现代教学观念,更要重视教学方式、方法的创新。

1.课前预习,充分利用计算机网络学习环境,培养学习自主性

学习自主性是语言学习过程中的先决条件,但学习自主性并不意味着教师对学生的放任自流,它是在学习过程中不断培养而获得的,需要不断的"教育干预"。影响语言学习自主性的主要因素是"学习动机和学习态度""学习策略",而个体差异则在这几方面中突出表现出来。因此尊重学生个性发展,注重学习兴趣、学习主动性积极性的培养及学习策

略的开发，无疑是英语教育的重点。《课程要求》进一步明确并强调自主学习能力的重要性，不仅在实践中教师要思考学生应该学什么、怎样学，如何培养学习自主性。课前准备阶段，我们对学生要求之一就是在课前利用计算机辅助自学教材里的学习材料，从中收集和整理出实用的词汇、短语、句型，并且记忆。要求之二是鼓励学生通过网络搜寻各种与课题相关的信息，包括更多的词汇和表达方式，有关主题的文化背景知识，甚至引发兴趣的娱乐材料。通过课前准备的两项要求，一方面帮助学生逐渐明确自主学习的重要性及方法，另一方面还激发了他们的学习兴趣，丰富了他们与语言密切相关的文化知识，使他们能积极有效地参与到课内外口语学习上来。

2.课堂教学，师生互动，生生互动，培养兴趣，增强交流

第一，营造丰富多样的课堂环境，开展兴趣教学。口语课堂教学不仅仅是知识的传授，更重要的是如何培养学生的学习兴趣和学习主动性，并促使学生自然地将课堂教学延续到课外。为激发学生对口语学习的兴趣，课堂活动设计及课件制作都至关重要。语境设计遵循的原则是：时尚性。话题具有时代感，例如“时尚”“网络”“广告”“电影”等等。有时，话题设计并非完全局限于课本，针对时局，一些社会热点也不失为能引起热烈讨论的中

心议题。常识性。讨论题以常见的简单问题为主，使学生可以从切身感受说起，切合实际，饶有趣味。多样性。课堂活动易多样，不必拘泥于某一种形式。根据每个课题的特点及要传授的知识点采用适当的课堂活动方式，如师生、生生问答，讨论，评论，辩论角色表演等。这些练习均以互动合作方式完成，旨在培养学习兴趣，鼓励交流，在互动合作中互惠学习。趣味性。在多媒体教学技术辅助下，一方面利用色彩、音乐、图片等刺激感官兴奋性，活跃课堂气氛，另一方面利用丰富的教学资源设计内容，如将相互联系的一组图片展示给学生，要求看图说话或发挥想象力编撰故事；放一个情景对话，要求学生模仿。这些教学素材无疑有助于开展形式多样的课堂活动、扩展思维、诱导思考、激发参与活动的兴趣。

第二,教师为主导、学生为主体,在交际法教学原则指导下开展互动合作式教学。交际法教学强调语言的交际功能,语言运用的得体性和实用性。在模拟真实语境中引导学生进行有交际意义的可理解性输出,培养学生进行自然、流利的语言交流,是交际法教学的核心。在我们的口语课堂上,在确立以学生为主体的教学理念基础上,教师的角色定位为课堂学习的组织设计者,课堂活动的指导协作者,学生学习的评判诊断者,自主学习的启发帮助者。教师在模拟真实语境引导学生进行有交际意义的语言操练的同时,注意营造轻松愉快的课堂气氛,在组织各项课堂活动时始终保持和学生之间的地位平等,并将自己积极纳入师生互动、生生互动的语言交流中,在适时的时候提示、纠错、点评、表扬、鼓励。课堂布局始终呈动态,不断变化。由于活动需要,学生随时会交换座位,寻找合作伙伴,移动座椅,形成不同组合。这种以学生为中心的课堂鼓励学生抛弃羞怯感,充分发挥潜能,互动合作,在完成每一项任务的同时使自己的口语能力得到快速提高。

第三,教学中知识的非自然输入不容忽视。为避免因采取以意义交流为核心的交际法教学而忽视语言形式,我们的教学还强调非自然输入对二语习得的帮助。在进行了比较研究后,首先证实可理解输出不足以在实质上帮助语言能力的习得,要发展语言能力更理智的做法是增大可理解输入,又进一步证明以大量词汇、短语、句型为核心的非自然输入能迅速提高表达能力。因此,少量时间对固定表达方式和句型的输入是每堂课必不可少的内容,它有效地将学生的注意力平衡分配在意义和语言形式之间。本着“基于课本,高于课本”的教学原则,我们的具体做法是:每节课划分出一定量时间(约为20%)和学生一起回顾、提炼课前自主学习知识的精华,在必要的时候适量补充课本外相关的语言、文化知识。一些专门设计的课堂练习还会引导学生反复操练这些词汇、短语和句型,一方面达到学生对语言形式的重视,另一方面达到对所学知识的检验和巩固,使语言的准确性、复杂性得到提高。

3.课内课外互动,使课内学习在课外得以延续

通过课前对学习自主性及学习策略使用意识的培养,课前及课内对

学习兴趣和动机的开发,个性及口头交际自信心的建立,重要知识结构的构建,学生已具备了在课后自主巩固知识、拓展知识的兴趣和能力。互动合作式教学模式的意义还在于课外将具有浓厚学习兴趣的学生纳入自主学习中,使之成为课内学习在课外的延续。

鼓励学生在课外口语练习上保持互动合作式学习方式。课内有限的时间对于学好口语是远远不够的,大量的操练,必须由学生利用课余时间自主完成。在课堂完成的各种合作式练习中,学生或组合成对,或成组,且成员及人数不固定,已经形成了合作完成口语练习的意识。在课下,鼓励学生选择一个相对固定的练习伙伴,加入一个相对固定的学习小组,以完成不同的学习任务,在互助合作中交流、学习。除面谈、电话交谈以外,由于具备网络资源的优势,鼓励学生或以微信与教师和同学在课下沟通,或在班级聊天室里“会面”。师生间、生生间可以探讨学习方法、教学方式,可评点、可建议,还可以分享好的学习资料。这种互助合作的学习方法意义不仅在于帮助学生在交流、互助中高效学习,还在于培养学生的团结互助精神、集体参与意识和社会交往能力。

在一年口语教学实践中,通过与学生面谈、电话交谈、微信交流、问卷调查等方式,这种互动合作式教学模式得到积极的评价。从课堂表现来看,任课教师明显感觉到学生在一年的学习中,口语水平在语言的长短和连贯性、范围和准确性、灵活性与适切性上均有显著的提高。与没有参与大学英语教改的其他普通班相比,学生在口头交际能力上及开口讲话的自信心上均有较强的表现,该教学模式已逐渐通过各方面体现出价值。

第四节 写作教学模式改革创新策略

一、引入任务型写作教学模式

（一）强调实际应用和交际能力

传统的写作教学往往以教授写作技巧和规范为主，忽视了实际应用的培养。然而，学生在实际应用中才能真正理解和掌握所学的知识，教师应该引导学生进行实际写作练习，例如写作文、写邮件等，让学生将所学的知识应用到实际情境中。教师组织学生进行写作比赛、写作展览等活动，激发学生的写作兴趣和积极性。通过实际应用的训练，学生可以提高自己的写作能力，并将所学的知识应用到实际生活中。写作是一种交际活动，目的是为了与他人进行有效的沟通和交流，高校英语写作教学应该注重培养学生的交际能力。教师通过教授写作技巧和策略，引导学生学会如何用简洁、准确和连贯的语言表达自己的观点和想法。教师可以组织学生进行写作讨论、写作小组活动等，让学生在交流中学会倾听和回应他人的观点。通过交际能力的培养，学生提高自己的写作水平，并能够与他人进行有效的交流和合作。写作是一种创造性的活动，需要学生具备一定的创新能力，高校英语写作教学应该注重培养学生的创新能力。教师可以通过教授写作技巧和方法，引导学生学会如何进行创新思维和创新表达。教师组织学生进行写作创作、写作比赛等活动，激发学生的创新潜力和创造力。通过创新能力的培养学生提高自己的写作水平，并能够在写作中展现自己的创造力和个性。

（二）提供真实场景和情境

提供真实场景和情境可以帮助学生更好地理解写作任务。在现实生活中，写作往往是为了传达信息、表达观点或解决问题，通过引入真实场景和情境，可以帮助学生更好地理解写作任务的目的和要求，如当教授学生如何写一封投诉信时，可以提供一个真实的投诉情境，让学生感受到投诉信的重要性和实际应用场景，学生就能更好地理解写作任务，并能更好地应用所学的写作技巧。在传统的写作教学中，学生往往只是面对一些抽象的写作题目，缺乏实际的情境和背景。学生可能会感到写作任务的枯燥和无趣，通过引入真实场景和情境让学生更好地参与到写作过程中，激发他们的写作兴趣和动力。当教授学生如何写一篇旅行日记时，提供一些真实的旅行照片和经历，让学生感受到写作的乐趣和创造力，学生就会更加积极主动地参与到写作中，并能更好地发挥他们的写作能力。在英语写作教学中，学生需要学习和掌握各种写作技巧，如论证、描述、比较等。然而，这些写作技巧往往是抽象的，学生很难理解和运用。通过引入真实场景和情境帮助学生更好地理解和运用所学的写作技巧。当教授学生如何写一篇旅行游记时，提供一些真实的旅行照片和经历，让学生运用所学的写作技巧来描述和表达自己的旅行经历，学生就能更好地理解和运用所学的写作技巧，并能更好地提高他们的写作能力。

（三）鼓励学生主动参与和合作

将学生分成小组，让他们一起讨论写作话题，并分享彼此的观点和想法，帮助学生扩展思维，从不同的角度思考问题，并且可以提高他们的口语表达能力。小组讨论还可以培养学生的合作意识和团队合作能力，让他们学会倾听和尊重他人的意见。组织写作比赛或项目，鼓励学生合作完成，如组织学生写一篇合作作文，或者让他们合作完成一个研究项目，激发学生的竞争意识和创造力，培养他们的团队合作精神和解决问题的能力。在这个过程中，学生可以相互学习和借鉴，共同完成一个有意义的任务。学生可以交换作文，互相评价和修改对方的作品，帮助学生发现自己写作中的问题，并学会从他人的角度审视自己的作品，这也是一种培养学生批判性思维和分析能力的方法。教师鼓励学生参加写作俱乐部或写作研讨会。学生在这些活动中与其他对写作感兴趣的同学交流和分享经验，激发学生的学习兴趣，提供一个互相学习和成长的平台。

二、引入技术支持

(一)利用在线资源和工具

网络上有许多在线词典和语法工具可供学生使用。学生可以使用在线词典查找单词的定义、例句和同义词,帮助他们扩展词汇量和提高词汇运用能力。语法工具可以帮助学生检查句子结构和语法错误,提高写作的准确性和流畅性。教师可以向学生介绍这些工具,并鼓励他们在写作过程中使用。网络上有许多写作指导网站和论坛,学生可以在这些网站上找到写作技巧和范文,了解写作的要领和常见问题。教师向学生推荐一些优质的写作指导网站,帮助他们提高写作技巧和写作水平。学生参与写作论坛,与其他学生交流和分享写作经验,互相学习和提高。网络上还有一些在线写作工具,如思维导图工具和作文评分工具。思维导图工具可以帮助学生组织思路和构建文章结构,使写作更加有条理和连贯。作文评分工具帮助学生评估自己的写作水平,并提供改进建议。教师可以引导学生使用这些工具,帮助他们提高写作效果和自我评估能力。学生根据自己的需要选择适合自己的课程和练习,帮助学生系统地学习写作技巧和提高写作能力。教师可以向学生推荐一些优质的在线写作课程和练习资源,并鼓励他们积极参与学习和实践[①]。教师应该选择适合学生水平和需求的资源和工具,避免过于简单或过于复杂。教师应该引导学生正确使用这些资源和工具,避免依赖和滥用。学生应该明白这些资源和工具只是辅助工具,真正提高写作能力的还是他们自己的努力和实践。教师应该鼓励学生积极参与学习和实践,提高他们的写作自信心和自主学习能力。

(二)利用语言学习应用程序和软件

语言学习应用程序和软件提供大量的学习资源,如词汇表、语法练习、写作指导。学生根据自己的需要选择适合自己的学习资源,并根据自己的学习进度进行学习。语言学习应用程序和软件可以提供实时的学习反馈。学生在使用这些应用程序和软件进行学习时,随时得到学习

①刘欢．课堂互动教学模式在高校英语教学中的运用[J]．校园英语，2020(45)：80-81.

反馈，了解自己的学习进度和学习成果。学生通过这些应用程序和软件与其他学生进行交流和合作，共同学习和进步。语言学习应用程序和软件提供创新的学习方式和学习体验。学生通过这些应用程序和软件进行虚拟实验、模拟写作等活动，培养创造力和思维能力。一些学生可能对使用这些应用程序和软件感到陌生和不适应，需要一定的时间和精力来适应和掌握。一些学生可能过度依赖这些应用程序和软件，而忽视了传统的学习方式和学习资源，在使用这些应用程序和软件进行学习时，需要学生和教师共同努力，找到适合自己的学习方式和学习资源。

三、强化写作过程的教学

（一）引导学生进行思维导图和大纲的制作

通过制作思维导图学生将他们的思维过程可视化，将各个观点和论据有机地连接起来。思维导图可以帮助学生整理和分类他们的想法，使得写作更加有条理。大纲则是写作的框架，帮助学生确定文章的结构和内容安排，使得写作更加系统和完整。在制作思维导图和大纲的过程中，学生需要将各个观点和论据进行分类和排序，这要求他们进行逻辑思考和判断。通过这种训练，学生可以提高他们的逻辑思维能力，使得他们在写作过程中能够更好地组织和表达自己的观点。在写作过程中，学生往往会遇到思路不清晰、观点不连贯等问题，导致写作进展缓慢。通过制作思维导图和大纲，学生提前规划好文章的结构和内容，明确自己的写作目标和思路，从而提高写作的效率。思维导图和大纲帮助学生更好地控制文章的篇幅，避免写作过程中的冗长和啰唆。学生需要明确写作的目的和主题，确定自己要表达的观点和论据，使用思维导图的方式将这些观点和论据进行分类和组织。在制作思维导图的过程中，学生使用关键词、图标、颜色等方式来表示不同的观点和论据之间的关系，根据思维导图制作大纲，确定文章的结构和内容安排。在制作大纲的过程中，学生使用标题、编号等方式来表示不同层次的内容，根据大纲进行写作，将思维导图和大纲中的观点和论据逐步展开和论证。

（二）鼓励学生进行草稿的修订

写作是一个复杂的过程，需要学生进行思考、组织和表达。通过草稿,学生可以尝试不同的写作方式和结构,找到最合适的表达方式。草稿帮助学生发现自己写作中的问题和不足之处,进一步提高写作技巧。写作是一种语言运用的能力,通过草稿的修订,学生不断修改和完善自己的表达方式,尝试使用更准确、更生动的词汇和句子结构,使自己的写作更具有说服力和表达力。通过不断地修订,学生提高自己的表达能力,使写作更加流畅和自然。鼓励学生进行修订可以培养学生的批判思维和自我评价能力。在草稿修订的过程中,学生需要对自己的写作进行评价和反思,思考自己的写作目标和意图,以及是否达到了预期的效果。通过自我评价,学生发现自己写作中的问题和不足之处,并提出改进的建议。这种批判思维和自我评价能力对学生的写作和学习能力都有很大的帮助。在布置写作任务时要求学生提交草稿,并在草稿的基础上进行修订,让学生明确写作过程中的重要步骤,并培养他们的写作习惯。在学生提交草稿后,教师对草稿进行评价和指导,指出学生写作中的问题和不足之处,并提出改进的建议,帮助学生理解自己写作中的问题,并在修订中进行改进。学生可以交换自己的草稿,互相评价和修订对方的写作,让学生从不同的角度审视自己的写作,并学习他人的优点和经验。学生可以根据教师和同学的反馈意见,对自己的写作进行多次修订,让学生逐步改进自己的写作,提高写作技巧和表达能力。

(三)提供写作策略和技巧的指导

在开始写作之前,明确自己的写作目的和目标读者是非常重要的。不同的写作目的和读者需要采用不同的写作风格和语言表达方式。先列出要写的内容的大纲,然后根据大纲逐步展开写作。词汇是写作的基础,通过背单词、阅读英语文章、使用词汇学习软件等方式来扩大词汇量。学习一些常用的句型和语法结构可以帮助提高写作的流畅度和准确性,通过阅读范文、参考写作教材等方式来学习。选择一些写作题目进行练习,也可以参加写作比赛或者加入写作俱乐部来提高写作能力。一个好的段落结构可以使文章更加清晰和有条理。每个段落应该有一个明确的主题句,并且围绕主题句展开论述。过渡词可以帮助文章的连贯性和逻辑性,使用适当的过渡词使文章的段落和句子之间更加流畅。

通过阅读优秀的英语文章，可以学习到一些写作技巧和表达方式，多写也是提高写作能力的关键，通过不断的写作练习，可以逐渐提高自己的写作水平。

四、写作教学评价

（一）语言准确性评价

学生在写作中应该能够正确运用各种语法规则，包括时态、语态、主谓一致、虚拟语气等。评价学生的语法准确性可以通过检查学生的句子结构是否正确、动词时态是否一致、主谓一致是否正确等来进行，如学生在写作中是否能正确使用过去时态来描述过去的事件，是否能正确使用被动语态等。学生在写作中应该能够正确拼写单词，避免拼写错误。评价学生的拼写准确性可以通过检查学生写作中的拼写错误数量来进行。学生是否能正确拼写常见的单词，是否能正确拼写一些常见的困难单词等。学生在写作中应该能够使用丰富的词汇，避免使用重复的词汇。评价学生的词汇准确性可以通过检查学生写作中使用的词汇是否准确、是否恰当来进行。学生是否能正确使用一些高级词汇，是否能正确使用一些常见的短语和习语等。学生在写作中应该能够使用多样的句子结构，避免句子结构的重复。评价学生的句子结构准确性可以通过检查学生写作中句子结构的多样性来进行。学生是否能正确使用复合句、并列句、独立主格结构等。给学生提供一些语法练习题，让学生在写作之前先进行语法练习，以提高他们的语法准确性。在学生完成写作后，对学生的拼写进行检查，标出拼写错误，并让学生进行修改。给学生提供一些词汇扩展的练习，让学生学习和掌握更多的词汇，以提高他们的词汇准确性。给学生提供一些句子结构练习题，让学生练习使用不同的句子结构，以提高他们的句子结构准确性。在批改学生的作文时，重点关注学生的语言准确性，并给予具体的反馈和建议，帮助学生改进。

（二）逻辑连贯性评价

逻辑连贯性是文章中各个句子、段落之间的衔接和联系是否紧密，是否能够形成一个有机的整体。逻辑连贯性强的文章能够使读者容易理解作者的观点和论证过程，提高文章的可读性和说服力。逻辑连贯性强的文章应该有清晰的结构，包括引言、主体和结论。引言部分应该能够引起读者的兴趣，概括文章的主题，并提出明确的论点。主体部分应该按照一定的逻辑顺序展开，每个段落都应该有明确的主题句，并且与前后段落之间有明确的衔接关系。结论部分应该对文章的主要观点进行总结，并给出合理的结论。逻辑连贯性强的文章应该能够通过合适的过渡词、连接词和句子结构来实现句子之间的衔接。过渡词和连接词可以帮助读者理解句子之间的关系，句子结构的多样性也可以增加文章的逻辑连贯性，比如使用并列句、复合句等。逻辑连贯性强的文章应该能够通过合适的过渡句和段落结构来实现段落之间的衔接。过渡句帮助读者理解段落之间的关系，段落结构的合理安排增加文章的逻辑连贯性，比如按照时间顺序、空间顺序、问题解决顺序等进行组织。逻辑连贯性强的文章应该能够通过合理的论证过程来支持作者的观点。论证过程应该有明确的逻辑关系，比如从一般到特殊、从因果到结果、从比较到对比等。论证过程中应该有充分的论据和合理的推理，以增强文章的说服力。

（三）表达能力评价

学生表达能力是学生在写作过程中能够准确、清晰地表达自己的思想和观点的能力，包括语言的准确性、语法的正确性、词汇的丰富性以及句子的连贯性等方面。教师可以根据学生的语言运用、逻辑思维和对所学知识的理解程度来评分。教师通过口头表达、小组讨论和演讲等形式来评价学生的表达能力，可以全面地了解学生的表达能力，并为教师提供有针对性的反馈意见。通过提供大量的写作机会来培养学生的表达能力。学生通过写作练习来提高自己的语言运用和表达能力。教师可以引导学生进行多样化的阅读，扩大学生的词汇量和语言表达能力。教师组织一些口语表达的活动，让学生有机会锻炼口头表达能力。教师可以给予学生及时的反馈和指导，帮助他们发现并改正自己的表达问题。

（四）结构合理性评价

结构合理的作文应该包括引言、正文和结论三个部分，并且在每个部分内部还应该有明确的段落结构。引言部分应该能够引起读者的兴趣，概括性地介绍文章的主题。正文部分应该包括论点和论证，通过合理的论证过程来支持作者的观点。结论部分应该对文章的主题进行总结,并给出自己的观点或建议。文章是否按照引言、正文和结论的顺序进行组织,是否有明确的段落结构。每个段落是否有一个明确的主题句,并且通过论证和例子来支持主题句。句子之间是否有逻辑关系,是否能够清晰地表达作者的思想,词语是否准确、恰当,语法是否正确。通过讲解和示范的方式来教授学生如何合理组织文章的结构,给学生提供一些范文,让学生分析其结构,并引导学生模仿这些范文来写作。教师通过练习和反馈的方式来提高学生的结构合理性。教师可以设计一些写作练习,让学生在实践中学习如何组织文章的结构,并及时给予学生反馈和指导。教师可以通过评价和奖励的方式来激励学生提高结构合理性。教师可以对学生的作文进行评价,并给予积极的反馈和奖励,以鼓励学生不断提高写作能力。

(五)内容丰富性评价

评价标准应该明确、具体,并与教学目标相一致。在评价学生内容丰富性时,可以考虑以下几个方面:主题的深度和广度、观点的独特性和合理性、论证的逻辑性和连贯性、支持材料的充实性和可信度等。通过明确的评价标准使评价更加客观公正,帮助学生了解自己的不足之处,有针对性地进行改进。评价方法应该多样化,既包括教师评价,也包括同学评价和自我评价。教师评价是最常见的评价方法,教师可以根据评价标准对学生的写作进行评分,并给予具体的反馈和建议。同学评价是一种互评的方式,学生可以互相交换作文并进行评价,从不同的角度给予反馈。自我评价是学生对自己写作的评价,学生可以自己检查自己的作文是否达到了评价标准,并找出自己的不足之处。评价效果应该是积极的,能够激发学生的学习兴趣和写作动力。通过评价学生了解自己的优势和不足,有针对性地进行改进。评价促进学生之间的交流和合作,提高学生的写作能力和思维能力。评价效果的好坏还与评价的及时性和准确性有关,及时的评价可以使学生及时调整自己的写作策略,准确的评价可以帮助学生更好地理解评价标准和改进方向。

参考文献

[1]孙川，王素雅.信息技术支持下的高校英语教学模式创新[J].食品研究与开发，2022，43(24)：246.

[2]黎倩.多维互动教学模式在高校英语教学中的实践与应用研究[J].校园英语，2020(44)：39-40.

[3]戚迪.大数据视域下高校英语教学模式的研究[J].海外英语，2022(23)：132-134.

[4]王秀芳，蔡其伦.多维互动教学模式在高校英语教学中的应用研究[J].辽宁科技学院学报，2022，24(6)：68-70.

[5]杨娜.多维互动教学模式在高校英语教学中的应用[J].延边教育学院学报，2020，34(5)：193-194+198.

[6]丁瑾.英语阅读交互教学模式分析[J].校园英语，2021(42)：12-13.

[7]韩芳婷，张晓容，凌淑珍.多维互动教学模式在高校英语教学中的实践与应用[J].大学，2021(39)：146-148.

[8]王婷婷.交际英语教学模式在高校英语教学中运用的挑战与应对[J].湖北开放职业学院学报，2021，34(19)：170-171.

[9]郭忠壮.高校英语专业英美文学教学模式创新探索：评《高校英语专业英美文学教学改革策略研究》[J].科技管理研究，2022，42(15)：264.

[10]吕立军.多维互动教学模式在高校英语教学中的实施路径[J].校园英语，2020(35)：30-31.

[11]罗晨洁.高校英语口语教学模式的转变：评《新时期高校英语口语教学研究》[J].教育理论与实践，2022，42(33)：2.

[12]申志华.高校英语教学模式创新的多维审视[J].食品研究与开

发,2022,43(21):241.

[13]游忆.新型网络载体下高校英语写作教学模式创新研究[J].黑龙江教师发展学院学报,2020,39(9):154-156.

[14]黎琰.大数据时代高校英语教学改革策略探讨[J].现代英语,2022(20):13-16.

[15]王婷婷.互动式教学模式在高校英语教学中的运用[J].校园英语,2021(40):91-92.

[16]张兴,冯洪真.多维互动教学模式在高校英语教学中的运用探讨[J].现代英语,2021(18):43-45.

[17]聂鹏丽,肖丽娟."双创"背景下高校商务英语函电教学模式分析[J].科学咨询(科技·管理),2021(9):195-196.

[18]李晓丽.大数据视域下高校英语教学模式研究[J].海外英语,2022(16):135-136.

[19]陈肖艳.多维互动教学模式在高校英语教学中的运用探究[J].海外英语,2022(19):215-216.

[20]宁晓静,李亮.信息技术背景下高校英语混合式教学模式研究[J].北华航天工业学院学报,2020,30(5):39-41.

[21]马晓薇.高校英语教学中体验式教学模式的应用路径[J].海外英语,2022(14):86-87.

[22]刘慧.新时期高校英语线上线下混合式教学模式的开展[J].普洱学院学报,2022,38(3):109-111.

[23]李莉,于曼泽.新时代高校英语专业课堂构建与优化[J].食品研究与开发,2022,43(12):236.

[24]杜凌俊.高校英语教学中英语词汇教学模式解析[J].海外英语,2021(20):135-136.

[25]庄淑娟.研讨式教学在高校英语专业精读教学中的应用研究[J].校园英语,2021(34):38-39.

[26]许慧娜.高校英语的多元化教学措施[J].海外英语,2020(22):160-161.

[27]张苏亚.融合时代特色实现高校英语教学发展[J].江西电力职业技术学院学报,2022,35(5):65-67.

[28]魏巍,孙嘉彤.高校商务英语课堂多模态教学模式的研究与应用[J].吉林广播电视大学学报,2022(3):89-92.

[29]唐兰,鞠波.高校英语专业英美文学类课程教学模式构建[J].山东电力高等专科学校学报,2021,24(5):77-80.

[30]吴晗.新媒体时代高校英语教学的生态特征及教学模式探讨[J].环境工程,2022,40(5):283.

[31]刘欢.课堂互动教学模式在高校英语教学中的运用[J].校园英语,2020(45):80-81.